대한민국 훌라의 대중화

제임스정의

Shall We Hula?

감수 Uk Cha Pike
저자 James Jeong

일신서적출판사

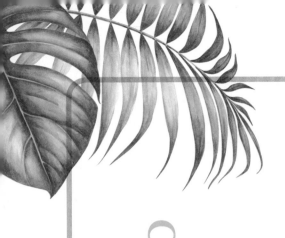

Contents

Step 1 알로~하 훌라(Alo~ha Hula)

Step 2 훌라의 의상(Costumes)

Step 3 훌라의 악기(Instruments)

Step 4 훌라의 스텝(Steps)

Step 5 훌라의 손동작(Hand Motions)

Step 6 Shall We Hula?

| Shall We Hula? |

하와이

무지개, 바다, 파도, 서핑, 야자수, 레이, 거북이, 화산, 파후, 우쿨렐레, 그리고 훌라... 하와이를 상징하는 검색어들입니다.

하와이 음악과 훌라

하와이 음악이 흐르면 노래(Mele)가 저절로 나오고 하와이 춤(훌라)이 추고 싶어집니다. 훌라는 하와이 음악과 함께 남녀노소 누구나, 어디에서든지 즐길 수 있는, 세계 모든 사람들을 위한 하와이의 선물입니다.

예술교육의 중요한 도구로서의 훌라

훌륭한 훌라댄서를 배출하기 위해서는 훌륭한 쿠무훌라와 좋은 교육자료가 필요합니다.'제임스정의 Shall We Hula?'는 Hawaii Merrie Monarch Hula Festival 과 Hawaii Ukulele Festival을 참관하고 하와이 쿠무훌라들에게 배운 연구진들이 대한민국 '훌라의 대중화'를 위해 기본적인 스텝(Step)부터 시작하여 베이직 손동작(Hand Motion), 테크닉 공연작품까지 쉽고, 재미있게 배울 수 있도록 구성하였습니다.

이 교본이 초등학교 아이들의 기초적인 훌라(Keiki Hula), 하와이의 정통훌라(Kahiko Hula), 프리스타일의 공연훌라(Auana Hula), 한국의 대중음악을 배경으로 하는 한국적인 훌라(K-Pop Hula), 노인들을 위한 훌라(Senior Hula), 종교의식에서 행해지는 훌라(Worship Hula) 등 여러 분야의 훌라교육에 조금이나마 도움이 되어 대한민국의 훌라 발전에 기여하기를 기대합니다.

저자 제임스정

4

| Aloha...

결혼과 동시에 Hawaii에 정착하면서 배우기 시작한 Hula는 제 인생에서 없어서는 안 되는 일이 되었습니다. 특히 Worship Hula와 Creative Sign을 배우면서 많은 것을 느끼고 익혔습니다. Hula를 익히는 것에 몰두 할수록 일반 Hula와 Worship Hula의 다른 부분을 이해하게 되었고, 이러한 것을 사람들에게 전파하고 싶어서 한국 교회와 군인 부인들을 상대로 가르치기 시작하였습니다. 하와이 현지인들과 한국인들의 Hula에 대한 견해는 많이 다르다고 생각이 듭니다. 한국인들의 Hula에 대한 견해와 이해를 돕고자 생각하던 차에 한국훌라댄스협회 제임스정 회장님을 만나게 되어 훌라에 관한 모든 것을 한국에 전파 할 수 있게 되었습니다.

속초에서의 훌라 워크숍은 훌라에 대한 모든 것을 다 알려 주고 오기에는 너무나 짧은 기간이어서 아쉬움으로 남지만 제임스정 회장님과 일곱 분의 연구위원들이 주축이 되어 Hula가 한국에 널리 전파되기를 소망하며 본인도 적극적으로 지원할 생각입니다. 또한 전통적인 훌라를 한국에 전파하고자 하는 저의 꿈을 펼치게 해줄 한국훌라댄스협회를 알게 된 것은 저에게 있어서 커다란 축복이기도 합니다.

훌라를 배우고 익히고 또한 훌라의 정보에 목마름을 가진 분들에게 이 책이 작으나마 도움이 되기를 희망합니다

이 책을 발간하기 위해서 도움을 주신 한국훌라댄스협회 제임스정 회장님, 연구위원님들과 박석순 사진작가님, 매니저님께 진심으로 감사를 드립니다. 그리고 New Hope O'ahu Halau, Alea 사모님 전도팀, Red Hill 팀 단원님께도 진심으로 감사를 드립니다.

이 책과 함께 Hula를 익혀 나갈 모든 독자 분들께 축복이 가득하시기를 소망합니다.

Hawaii의 에메랄드 빛 바다를 보면서

감수 Ukcha Pike

제임스정의 Shall We Hula? 키포인트

1. 대한민국의 '훌라댄스의 대중화' 실현을 위한 첫걸음 입니다.

2. 어린이집, 유치원, 초등학교의 방과후 교실 및 특기적성교육, 무용 및 음악학원의 특강, 평생교육원, 문화센터, 복지시설, 동호회 등의 훌라의 기본 교육에 꼭 필요한 '훌라의 교과서'입니다.

3. 하와이음악(멜레), 학교음악, 종교음악, 대중음악 등의 악보들이 많이 수록되어 하와이의 악기인 우쿨렐레 등 여러 악기와 함께 연주하면서 훌라댄스를 즐길 수 있습니다.

4. 훌라의 기본 자세, 스텝(Step), 손동작(Hand Motion), 춤동작 등을 QR코드를 이용하여 직접 동영상을 보고 쉽게 배울 수 있습니다.

QR코드 사용법

스마트폰에서 QR코드 스캔 어플 다운 - 프로그램 실행 - 스마트폰을 가까이 대고 원하는 동영상의 QR 코드 스캔 - 동영상 재생

알로~하(Aloha)

'알로~하'는 'Hello', 'Love', 'Goodbye' 등의 뜻으로 만날 때나 헤어질 때 서로 다정하게 나누는 하와이의 인사말입니다. 어원은 폴로네시아어 알로(Alo)와 하(ha)의 복합어로써 알로(Alo)는 현재, 존재, 얼굴, 앞 등을, 하(ha)는 생명, 숨 등을 뜻합니다. 또 원주민들이 서로 코를 맞대고 인사를 했는데 생명, 숨을 서로 나눈다는 의미이기도 합니다.

'알로~하'는 사랑, 나눔, 관심, 배려, 조화 등을 의미하는 아름다운 마음(Spirit)입니다.
인사를 할 때는 주먹을 쥔 다음 엄지와 새끼손가락을 펴서 '알로~하'하면서 손을 흔드는데 이를 샤카(Shaka)라고 합니다.

우리 모두 손을 흔들면서 '알로~~~하'

훌라(Hula)

훌라(Hula)는 하와이어로 '춤을 추다'라는 뜻으로 하와이 원주민의 민속무용입니다. 훌라는 가사(Chant)가 있고 거기에 맞는 리듬과 멜로디가 있는 음악이 있고, 그 음악에 맞춘 의상이나 장식품을 치장하고 몸짓을 하는 춤입니다. 훌라는 가사에 기록된 이야기를 사람들에게 전하는 스토리텔러(Story Taller) 역할을 했는데 초기에는 남성과 여성 모두 훌라를 추었지만 신전에서 신을 봉헌하는 훌라는 고대 남성에게만 춤을 추게 했습니다.

훌라(Hula)의 종류

고대의 훌라는 불의 여신과 그녀의 형제, 자매 등 가족 구성원의 명예를 위해 추는 훌라 펠레(Hula Pele), 챈트(Chant)에 기초하여 저명한 족장의 공적에 대해 찬양하는 훌라 멜레 이노아(Hula Mele Inoa), 지배계급의 출산을 격려하고 축하하는 훌라 멜레 마이(Hula Mele Ma'i), 죽은 사람의 애통함을 표현하는 훌라 멜레 카니카우(Hula Mele Kanikau), 전쟁을 노래하는 챈트(Chant)로 전투를 준비하는 전사들이 추는 훌라 멜레 카우아(Hula Mele kaua) 등 여러 형태의 훌라가 유행했습니다.

현대의 훌라는 고대 훌라에 기반을 둔 훌라 카히코(Hula Kahiko)와 서구문명이 들어오면서 여러 장르의 음악에 맞춰 추는 프리스타일의 훌라 아우아나 (Hula Auana)로 나눌 수 있습니다.

또 악기와 함께 추는 훌라는 대나무 파이프 형태의 악기인 카에케에케를 사용하여 추는 훌라 카에케에케(Hula Ka'eke'eke), 막대악기인 칼라이우로 추는 훌라 칼라이우(Hula Kala'au), 드럼악기인 파후에 맞추어 추는 훌라 파후(Hula Pahu), 박 모양의 악기 이푸로 추는 훌라 파 이푸(Hula Pa Ipu), 발판 모양의 파 파헤이로 추는 훌라 파파헤이(Hula Papa Hehi), 대나무 악기 푸일리로 추는 훌라 푸일리(Hula pu'ili), 울리울리 악기로 추는 훌라 울리울리(Hula Uli'uli) 등이 있습니다.

훌라(Hula)의 전설

훌라의 신 펠레(Pele)와 히이아카(Hi'iaka)의 전설입니다.

하와이 섬 킬라우에아 화산의 화구 할레마우마우에 사는 화산의 여신이 펠레입니다. 펠레에게는 몇 명의 자매가 있었고, 그 중 제일 막내 여동생이 히이아카입니다. 정식 이름은 '히이아카이카뽈리오펠레'입니다. 어느 날 펠레는 오랜 잠이 듭니다. 그리고 히이아카에게 9일이 지나도 자신이 일어나지 않으면 챈트를 불러 깨우도록 부탁하였습니다. 펠레는 잠에 빠지고 파후(큰 북)의 소리와 챈트를 부르는 강한 소리를 들으며 그녀의 혼은 몸을 떠났습니다. 그 소리에 매료되어 펠레의 혼은 계속 떠돌고 하와이 섬으로부터 라나이 섬, 그 외 다른 섬들을 돌다가 마지막으로 카우아이 섬에 겨우 다다르게 되었습니다. 젊고 아름다운 여성의 모습으로 변한 펠레의 혼은 그 곳에서 만난 '로히아우'와 함께 즐거운 날들을 보냈습니다. 오랜 잠으로부터 깨어난 펠레는 막내 동생 히이아카에게 40일 안에 로히아우를 데리고 돌아오도록 명령하였습니다. 히이아카는 자신이 소중하게 여기고 있는 레후아 숲을 자신이 없는 동안 잘 지켜달라고, 훌라를 가르쳐 준 아주 절친한 친구 '호-뽀에'와 펠레에게 부탁하고 떠났습니다. 펠레는 '와히네오마오(녹색의 여자)'와 '빠우오빠라이(빠라이 라고 하는 시다로 만든 빠우 스커트)'를 함께 동행시켰습니다. 당시의 하와이에는 마녀나 괴물들이 많이 살고 있었기 때문에 이 여행이 쉽지 않다는 것을 히이아카는 충분히 알고 있었습니다. 도중에 많은 마귀와 혼령들과 전쟁을 치르면서 겨우 카우아이 섬에 다다를 수 있었습니다. 그러나 이미 로히아우는 펠레를 너무 사랑한 나머지 그리워하다 죽고 만 것이었습니다. 그 몸은 마녀들에 의해 동굴 속에 끌려들어가 버렸습니다. 히이아카는 그 몸을 찾고, 로히아우를 다시 살려내어 정성껏 돌보았습니다. 겨우 기력을 찾은 로히아우와 함께 히이아카는 하와이 섬의 펠레가 있는 곳으로 향합니다. 그 고난의 여행에서 펠레와 약속한 40일이 지나버렸습니다.

ALOHA

　한편 로히아우는 사랑하는 마음을 히이아카에게 고백하고 프로포즈를 하였습니다. 로히아우에게 마음이 있었던 히이라카지만, 펠레와의 약속 때문에 로히아우의 프로포즈를 거절하였습니다. 겨우 하와이 섬에 도착한 히이아카는, 펠레에게 늦은 연유를 챈트로 이야기 하지만, 펠레는 그것을 듣지 않고 히이아카가 배반하여 로히아우와 사랑하는 사이가 되었다고 생각하고 용암을 뿜어 올려 히이아카의 친한 친구 호-뽀에를 돌로 변하게 하고, 로히아우 숲을 불태워버렸습니다. 그 충격적인 광경을 보고 분노한 히이아카는 타고 남은 레후아로 레이를 만들어 로히아우의 목에 걸고 펠레가 사는 하레마우마우 앞에 있는 파라우에아 이키에서 로히아우의 프로포즈를 받아들였습니다. 그것을 보고 광분한 펠레는 로히아우를 용암을 뿜어 돌로 만들어버렸습니다. 슬픔에 미쳐버린 히이아카는 바닷물을 하레아우아우에 흘러들어가게 하여 화구를 파괴하기 시작했습니다. 그렇게 온순한 히이아카의 변화에 놀란 펠레는 히이아카와 함께 여행에 동행한 와히네오마오에게 모든 사실을 듣게 되었습니다. 그것을 들은 펠레는 두 사람의 사랑을 허락하였습니다. 로히아우가 다시 살아나고 두 사람은 카우아이 섬에서 행복하게 살았습니다. 이 이야기에 있는 여러 장면이 지금도 챈트가 되어 다수 남아있습니다. 실제로 히이아카가 챈트를 불렀고 최초로 훌라춤을 추었다고 전해지기도 합니다. 지금도 하와이에서는 키라우에아 화산에는 펠레가 살고 있고, 그녀가 노하면 화산이 폭발한다고 믿고 있습니다.

훌라(Hula)의 역사

고전 훌라인 카히코(~약 1890년)의 시작은 무인도였던 하와이 마르케사스와 타히티에서 사람들이 이주해 오면서부터라고 할 수 있습니다. 고대 하와이에는 문자가 없었고 모두 구전되었습니다. 그것은 긴 가사로 암기되어 전해진 것으로 chant(챈트)라고 합니다. chant에는 여러 가지 종류가 있습니다. 기원(기도), 신화나 이야기, 신들이나 수장을 칭송하는 찬가, 자연의 아름다움이나 사랑에 관한 묘사, 사실을 묘사한 역사나 가계도가 그것입니다. 하와이 전통 타악기

리듬에 맞추어 chant의 내용이 몸짓이나 춤으로 표현되었습니다. 1822년 루이스 코리스(Louis Choris)가 묘사한 석판화(Klarr, 1996)에는 '타바(나무껍질로 만든 옷감)'로 만든 '마로(남자의 짧은 바지)'를 입고 '울리 울리(uliuli-소도구)'를 사용하여 춤을 추는 남성이 묘사되어 있습니다. 이것은 훌라 카히코로서 1970년 이래 쿠무훌라들이 과거의 훌라를 부단히 복원한 노력의 결과로 오늘날에도 200년 전의 훌라를 볼 수 있게 된 것입니다. 이러한 훌라를 훌라 카히코(전통 훌라)라고 부르고 '고대'라고 하는 의미가 있습니다. 1820년경부터 1882년까지는 훌라 금지령이 내려졌던 시기로 훌라의 암흑기라고 할 수 있습니다. 읽기 쓰기가 미국의 선교사에 의해 소개되고, 그 동안 구전되었던 전통도 문자로 남게 되었습니다. 서양에서 온 선교사는 반라 상태로 춤을 추는 훌라를 외설스러운 춤으로 경원시하기 시작하였습니다. 1830년 카메하메하 1세의 애처이자, 카메하메하 2세와 함께 하와이를 통치한 섭정 카아후마누 여왕은 서양문화와 기독교를 받아들여 '공적'인 장소에서 훌라를 추는 것을 금지하였습니다. 이에 반대하는 수장도 있고 '금지령'을 무시한 사람들도 있었지만, 훌라는 점차 사람들의 눈에 띄지 않는 장소에서 춤추어지게 되었고 비밀리에 전승되어 갔습니다. 이와 같이 서서히 서양문화에 변화되는 하와이였지만, 한편으로는 전통을 지키려는 하와이언들에 의해 서양인들의 눈에 띄지 않는 곳에서는 여전히 훌라가 계속 이어져오고 있었고, 이것이 훌라 카히코의 원류입니다.

1883~1898년, 이 시기를 훌라의 부활로 보는데, 현대 훌라인 '아우아나'의 탄생으로 막을 열게 됩니다. 1883년 제 7대 카라-카우아 왕은 완전히 훌라를 부활시켰습니다. 자신의 즉위식을 하와이언의 전통적인 스타일에 기초한 양식으로 거행하고, 훌라도 공식 석상에서 춤추었습니다. 이즈음 서양 악기나 음악도 다수 받아들였습니다. 또한 포르투칼의 이민자로부터 들여온 브라구인하(braguinha)라고 하는 악기로 우쿨렐레도 탄생됩니다. 그리고 지금의 하와이안 뮤직이 생겨나고, 이러한 음악에 맞추어 춤추는 새로운 훌라가 생겨났습니다. 이것이 훌라 아우아나입니다. 서양에서 들여 온 양복이나 드레스를 입고

구두를 신은 채 춤을 추고, 전통 악기가 아닌 우쿨렐레나 기타, 피아노 등과 함께 멜로디가 있는 음악에 맞추어 춤을 춥니다. 아우아나는 하와이어로 '떠돌다'라는 뜻입니다. 카히코나 아우아나 역시 가사의 내용을 몸짓이나 제스추어로 춤추어 표현하는 것은 공통적이고, 훌라 댄서의 사명은 '가사에 기록된 이야기를 사람들에게 전하는 것'임에는 변함이 없었습니다. 1898~1959년 카히코가 점차 사라지게 됩니다. 1898년 미국에 병합되면서 하와이 경제는 농원사업과 관광산업으로 유지되었습니다. 또한 그 사이 얼마간의 전쟁도 있었지만, 훌라는 폴리네시안 댄스의 하나로서 관광의 중요한 볼거리로서 엔터테인먼트가 되었습니다. 이러한 요구에 따라 하와이안 뮤직이 많이 생겨났고, 이것에 맞추어 춤추는 훌라가 증가하게 되었습니다. 1960년경 헐리웃 영화도 하와이에 눈을 돌리게 되고 엘비스 프레슬리가 '블루 하와이'를 노래한 것도 이즈음입니다. 카히코가 자주 춤추어지지 않게 된 커다란 원인으로는 1901년 하와이어가 금지되고 1971년 다시 하와이어의 사용이 인정되기까지의 70년동안 훌라를 가르치는 쿠무훌라가 급속히 감소했기 때문입니다.

데이비드 카라카우아왕

오늘날 훌라 르네상스(1960~1970)는 1960년대에 접어들면서 인종차별을 타파하고, 완전한 평등을 요구한 운동과 함께 시작되었습니다. 이 운동과 함께 아프리카계 미국인이나 전통이 중요하다는 의식이 강하게 되었습니다.

하와이에서도 하와이언으로서, 그리고 전통에 사람들의 의식이 같이 동조됨으로써 '하와이안르네상스'시대를 맞이하게 되었습니다. 카히코의 중요성이나 사라져가는 하와이어의 중요성이 대두되기 시작하고, 이것을 가르치는 사람(쿠무훌라), 배우는 장소(할라우), 배우는 사람(하우마나)들이 증가해 갔습니다. 하와이어 사전을 만들고 수많은 카히코 챈트, 신화나 이야기를 영어화 하고, 책으로 남기는 등의 방법으로 당시의 저명한 쿠무훌라들을 소개하고, 암기하는 구전문화는 문자문화로 발전하여 전통무용으로서 훌라 카히코가 현대에 뿌리내리게 됩니다. 1972년 경부터 훌라의 원류인 카히코와 아우아나는 무엇보다 전통 학문의 측면에서 배우고 전승하는 분위기를 마련하게 됩니다. 현대 훌라와 훌라 경연이 시작된 시기 역시 훌라 르네상스와 함께 하는 시기로 처음 훌라가 경쟁 형태로 경연을 하게 된 것은 1971년 메리 모나크 페스티벌부터입니다. 원래 훌라는 서로 경쟁하는 것은 아니었습니다. 1964년부터 시작된 메리 모나크 페스티벌은, 참가한 훌라 팀이 거의 없는 관계로 1971년부터 훌라 경연(competition)이 도입되었습니다. 그것이 사람들의 혼에 훌라의 마력을 느끼게 하여 하와이언의 매력을 사람들에게 증명하기에 적격의 축제(festival)가 되었습니

다. 1973년 오하우섬 호놀룰루에서 킹 카메하메하 훌라 경연이 시작되면서 훌라는 많은 나라에 소개되었습니다. 일반 하와이 사람들에게 있어서 일상생활을 해 가면서 훌라에 집중하는 시간을 갖는다는 것은 쉽지 않습니다. 그래서 더욱 그들의 인생에서 어떤 시기에 하나의 목표로서 혼을 담아 훌라와 서로 합쳐지는 귀중한 시간을 갖는다는 것이 중요하게 인식되었습니다. 그것이 하와이언들이 훌라를 중요하게 인식하게 되고, 전승 문화로 이어져 오고 있는 이유입니다. (출처/박은규(2012), 하와이 전통 훌라에 대한 고찰, 대구교대 초등교육연구논총

카히코(Kahiko) 훌라

　전통적인 훌라인 카히코 훌라를 출때　남자들은 보통 맨발에 나무껍질로 만든 치마(Kapa)나 말로 (Malo)라고 부르는 천을 두릅니다. 머리에는 나뭇잎이나 꽃으로 만든 화관을 쓰고(전쟁터에서는 머리카락을 자르기도 함), 위는 맨몸이나 쿠쿠이 오일을 발라서 용맹성을 표현하기도 했습니다.

　여자들 역시 맨발에 머리에는 나뭇잎이나 꽃으로 만든 화관을 쓰고, 아래에는 발목까지 오는 치마인 파우(Pa'u)를 입는데 아름답고 멋있는 장식을 위하여 파우 위에 티잎(Ti-Leaves)이나 피리 풀(Pili Grass), 라우할라 잎(Lauhala Leaves) 등을 엮어서 겹쳐 입기도 합니다.

··· 남 자 ···

··· 여 자 ···

아우아나(Auana) 훌라

여러 장르의 음악에 맞추어 프리스타일로 아우아나 훌라를 출때 남자들은 보통 맨발에 흰색 긴 바지(바지 위에 티잎을 둘러 장식하기도 함)와 흰색 긴 소매 셔츠를 입고 허리띠를 두릅니다. 그러나 요즘에는 레이를 목에 걸고 취향에 맞게 짧은 바지나 짧은 소매 셔츠를 편하게 입기도 합니다.

오늘날 여자들은 족장의 권위를 찬양하거나 제례의식 등을 위한 카히코 훌라보다는 로맨틱한 사랑이나 아름다운 인생을 노래하는 공연예술로서의 아우아나 훌라를 많이 즐기는데 화려한 의상을 입고 화관, 목걸이, 팔찌 등 여러 가지 장식을 합니다.

위는 팔라우키 블라우스(Palau), 무무 드레스(Mu'u mu'u), 키헤이 망토(Kihei) 등과 아래는 파우(Pa'u), 파레오(Pareo), 팔레코키 롤로아 긴 치마(Palekoki Loloa), 홀로쿠 긴 치마(Holoku) 등을 입고 목에 거는 레이(Lei), 발에 끼우는 쿠페에 레그릿(Kupe'e), 쿠페에 리마 팔찌(Kupe'e Lima) 등으로 화려하게 몸을 치장합니다.

··· 남 자 ···

··· 여 자 ···

··· 이푸(Ipu)

이푸는 이푸 헤케 올레(Ipu Heke Ole), 이푸 바이(Ipu Wai)
라고도 하는데 하와이의 대표적인 훌라의 타악기로써
가장 많이 사용되고 있습니다.
목이 좁은 박으로 만드는데 댄서(Dancer)나 챈터(Chanter)
모두 춤을 출 때 연주 할 수 있습니다.
왼손으로 이푸를 잡고 오른손바닥이나 손가락으로 아랫
부분을 칩니다.

··· 이푸 헤케(Ipu Heke)

이푸 헤케는 두 개의 박을 접착하여 만든 악기로 챈터
(Chanter)들이 주로 사용 합니다. 손바닥으로 치거나 손
가락으로 두들겨서 공명이 깊은 음색을 만듭니다.

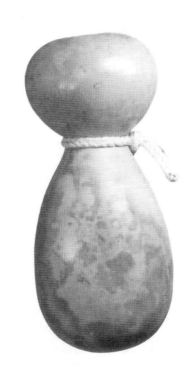

··· 푸일리(Pu'ili)

푸일리는 대나무를 쪼개어 만든 악기로써 댄서가 악기
끼리 서로 부딪히거나 팔, 가슴, 엉덩이 등을 리드미컬하
게 치면서 흥을 돋습니다.

··· 울리울리(Uli'uli)

울리울리는 아래는 작은 박이나 코코넛으로 만들어 속에
조개껍질이나 씨앗을 넣어 소리가 나게 하고 위는 나뭇잎
이나 새의 깃털로 만듭니다. 손목의 스냅(Snap)을 이용하여
손, 팔, 다리 등을 치면서 다양한 음색을 표현합니다.
카히코훌라와 아우아나훌라에 모두 사용하는데 컬러풀하
고 드라마틱한 표현이 장점입니다

··· 일리일리(Ili'Ili)

강이나 바다의 매끈하고 납작한 조약돌로 된 악기인데
손에 쥐고 서로 부딪히면서 소리를 냅니다.
카히코훌라와 아우아나훌라에 모두 사용됩니다.

··· 파후(Pahu)

하와이 악기 중에서 가장 큰 북으로 타히티(Tahiti)섬에
서 유래된 악기입니다.
야자나무의 몸통 속을 파고 상어가죽으로 울림판을 덮
어서 노끈으로 고정시킨 북인데 북채보다는 손바닥이나
손가락으로 연주를 합니다.

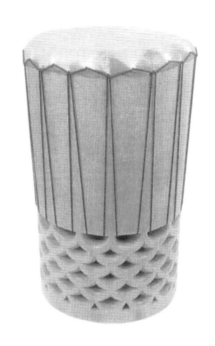

⋯ 칼라아우(Kala'au)

딱딱한 막대로 만든 악기로 주로 카히코훌라에서 사용
합니다. 길이가 서로 다른 막대기로 서로 부딪혀서 맑은
음색을 내는데 전사들이 전쟁터에 나갈 때 용기를 북돋
아 주기위해 춤과 함께 연주했다고 합니다.

⋯ 푸니우(Puniu)

푸니우는 Coconut Knee Drum 이라고도 하는데 코코
넛 열매의 껍데기에 카라(Kala)라는 물고기의 가죽으로
울림판을 덮어서 만듭니다.
카히코훌라에서 푸니우를 오른쪽 허벅지에 매달고 손가
락이나 끈으로 만든 채로 연주하면서 훌라를 춥니다.

우쿨렐레(Ukulele)

우쿨렐레(Ukulele)는 휴대하기가 편리하고, 음색이 맑고 아름다우며, 훌라와 함께 다양한 음악을 연주할 수 있는 하와이의 대표적인 악기입니다.
하와이에서 생산되는 코아나무를 주재료로 몸통을 만들고 4개 줄을 팅겨서 하와이의 노래(Mele)를 부르면서 연주를 합니다.

푸 카니(Pu Kani)

소라고동의 껍데기로 만든 악기로 Conch Shell Trumpet 이라고도 합니다. 주로 훌라를 추기 시작하거나 끝날 때에 하나의 음색으로 길게 연주를 합니다.

Step 4 ··· 훌라의 스텝(Steps)

아이하아('Ai Ha'a)

처음 준비 자세로, 허리를 곧게 편 상태에서 그대로 무릎만 구부립니다.

카오(Ka'o)

시이소 타는 느낌으로 힙의 한쪽을 밀면 한쪽이 올라가는 느낌처럼,
처음 시작은 오른발을 들어 땅에 놓을 때 왼발은 텝을 하거나 들어 올립니다.

카홀로(Kaholo)

훌라에서 가장 기본적인 스텝. 오른쪽으로 4스텝(R/L/R/L) 한 후, 왼쪽으로 4스텝
(L/R/L/R). 이 때 왼발은 오른발 옆에 갖다 붙이고, 오른발은 왼발 옆에 갖다 붙입
니다.

헬라(Hela)

제자리에서 왼발은 제자리에, 오른발은 45도 각도로 앞으로 찍습니다. 이 때 왼발
은 살짝 구부린 상태이고 오른발은 곧게 펴서 발바닥이 앞쪽으로 1/2만 닿도록 찍
은 후 제자리로 돌아옵니다. (왼발도 마찬가지)

아미('Ami)

왼쪽방향으로 돌 때는 각 방향마다(왼쪽-뒤-오른쪽-앞) 1회씩 힙을 시계반대방향으로
회전시키고, 오른쪽방향으로 돌 때는 역시 각 방향마다(오른쪽-뒤-왼쪽-앞) 1회씩 힙
을 시계방향으로 회전시킵니다. 이 동작을 매끄럽게 하기 위해서, 무릎은 살짝 구
부린 상태를 유지합니다.

렐레(Lele)

보통 사람 걷는 속도로 앞으로 뒤로 걷습니다.

*렐레 포워드(Lele forward)

오른발을 먼저 앞으로 한걸음 가고, 왼발-오른발-왼발 순서로 전진합니다.

*렐레 백(Lele back)

오른발을 먼저 뒤로 한걸음 가고, 왼발-오른발-왼발 순서로 후진합니다.

우베헤(U'wehe)

양쪽 뒤꿈치를 약간 간격을 둔 상태에서 오른발을 살짝 들었다 놓은 후 양무릎을 15도 각도로 꺾어 앞으로 내밀어 준 후 재빨리 제자리로 돌아옵니다. 왼발도 똑같이 합니다. 이 동작을 하는 중에, 양어깨는 위아래로 움직이지 않도록 수평을 유지합니다.

렐레 우베헤(Lele U'wehe)

오른쪽으로 한 스텝을 간 후 왼발을 앞으로 내밀었다가 제자리로 갖다 놓고, 양쪽 뒤꿈치를 들어올립니다. 왼쪽으로도 같은 동작을 합니다. 이 스텝은 Lele와 Hela와 U'wehe를 섞어서 하는 동작입니다.

쿠이(Ku'i)

발로 차는 모습입니다. (밖으로 또는 안으로 발을 차는 모습)

칼라카우아(Kalakaua) 카벨루(KaWelu)

오른발을 똑바로 한 스텝 앞으로 갑니다. 이 때 왼발은 뒤꿈치가 살짝 들린 상태에서, 앞으로 나갔던 오른발을 다시 제자리에 갖다 놓습니다.
왼발을 똑바로 한 스텝 앞으로 갑니다. 이 때 오른발은 뒤꿈치가 살짝 들린 상태에서, 앞으로 나갔던 왼발을 다시 제자리에 갖다 놓습니다.

키이 바바이(Ki'i Wawae)

왼발은 제자리에, 오른발은 시계방향으로 3시, 1시에 갖다 찍은 후, 제자리로 와서 놓고 양발을 붙인 후 꺾습니다.(U'wehe)
오른발은 제자리에, 왼발은 9시, 11시 방향으로 갖다 찍은 후, 제자리에 와서 놓고 양발을 붙인 후 꺾습니다.(U'wehe)

아오아오('Ao 'Ao)

훌리 또는 투카홀로라고도 하는데, 몸은 오른쪽으로 90도 뒤로 오른발을 찍은 후 Base, 왼발은 Tap을 합니다.

QR코드 사용법

스마트폰에서 QR코드 스캔 어플 다운 → 프로그램 실행 →

스마트폰을 가까이 대고 원하는 동영상의 QR 코드 스캔 → 동영상 재생

Step 5 ··· 훌라의 손동작(Hand Motions)

Love(사랑, Aloha)

Wind(바람, Hau)

Heaven(천국, Lani)

① ②

See(보다, e nān)

Hear(듣다, lohe)

Say(말하다, e'ōlelo)

Smell(냄새를 맡다, 'ala)

훌라의 손동작(Hand Motions)

Smile(미소짓다, 'olu'olu)

① ②

Pray(기도하다, **pule**)

Search(탐색하다, **huli**)

Joy(즐거움, 'oli'oli)

① ②

God(하나님, **ke Akua**)   ① ②

훌라의 손동작(Hand Motions)

Mountain(산, **mauna**)

① ②

Far(멀리, **mamao**) ① ②

Day(일, lā)

① ②

③ Baby(아기, **ke keiki**)

Rain(비, ua)

① ②

③ ④

Life(삶, ola)

① ②

③ ④

훌라의 손동작(Hand Motions)

Tree(나무, kumu láʻau)

Grace(은혜, Aloha)

Passion(열정, makemake)

Step 6 ··· *Aloha 'Oe*

Queen Lìlí uokalani

Aloha Hula

알로하 오에는 '그리운 사람'
이라는 뜻으로 사랑하는 사람과의
석별의 정을 아름답게 그리고
있는 노래입니다. 하와이 왕조의
마지막 여왕인 릴리우오칼라니가
작곡했는데, 공주시절인 1878년
오아후 섬으로 여행을 갔다가
돌아오는 길에 동행했던 보이드
소령과 하와이 아가씨가 이별을
아쉬워하고 있는 광경을 보고 감명을
받아 이 노래를 지었다고 합니다.

1. Ha'aheo

오른발 앞에 (우뚝 선 모습) 오른손 가슴

2. ka ua

양손 S모양으로 한다
(이때 몸을 뒤로 빼면서 S자를 그리며 내려온다.)

3. I na pali

Kaholo R/L R/L, L/R L/R
양손 왼쪽 위 코너에서부터 손가락을 흔들며 천천히
45° 아래까지 내린다. (비 오는 모양)

4. Ke nihi

Hela R/L 45°
양손 옆에서 안으로 모은다.

5. a'ela I ka

Hela R/L 45° 왼쪽
양손 어깨선에서 밖으로 뺀후 손바닥 밑으로 향하게
이마에 댄다.

6. nahele

Kaholo R/L R/L, L/R L/R
양손을 밑으로 둥글려 펴면서 왼손 등이 위로 오른쪽
가슴에 대고 오른손은 그 위에 얹는다.

7. E hahai (uhai) ana paha

Hela R(천천히) L(천천히)
양손 안에서 밖으로 뺀 다음 왼손은 눈에 대고 오른손
은 45° 시선으로 편다.(멀리 보는듯한 모습)

8. I ka liko

Kaholo R/L R/L
R Kaholo Basic모션

9. 8번 연속동작

Kaholo L/R L/R | L Kaholo Pick up the Flower
양손을 살짝 뒤집어서 엄지와 가운데 손가락이 먼저 닿고 나머지 손가락을 붙여 꽃모양을 만든 후

10. Pua

Ka'o R
꽃봉오리를 살짝 펴준다.

11. 10번 연속 동작

Ka'o L
오른손은 가슴, 왼손은 사선 45° 살짝 미는 듯 한 모션

12. 'ahihi

Basic모션
Kaholo R/L R/L
왼손은 가슴, 오른손은 옆

13. lehua

Kaholo L/R L/R
양손 양옆에서 밀듯이 하면서 위로 올린다

14. o uka

Ka'o R/L
양손 위에서 만나 엄지를 붙인 상태에서 세모 모양을
∧ 해준다.

15. Aloha

Kaholo R/L R/L
왼손은 왼쪽 가슴에 대고 오른손은 밖에서 안으로 굴려
왼손바닥 위에, 오른손바닥 위로 해서 얹은 후

16.

15번 연속동작

17. ʻoe

Kaholo L/R L/R
Basic 모션, 왼손은 가슴 오른손은 사선으로 펴서
Kaholo L간다.

18. Aloha ʻoe

15,16,17번과 동일 (반대 모션으로 한다.)

19. E ke onaona noho

Hela R/L, Hela R/L
Hela R/L은 45° 사선에서 양손에 코에 냄새 맞는 모습
Hela R/L은 앞으로 빼서 양옆으로 편다.

20. I ka lipo

Kaholo R/L R/L, Kaholo L/R L/R
왼손은 파우 오른손은 ⊂ 오른손 가슴에서 부터 둥글려
위로 올린 후 오른쪽으로 편 후 왼손은 가슴 오른손은
옆으로

21. One fond

Lele R/L, Lele R/L
양손 옆으로 한 후 코너 코너로 찍어 주면서 왼쪽으로
돈다.

22.

21번 연속동작

23. embrace,

Kaholo R/L R/L
돌면서 Love 모션을 앞에까지 와서 한다.

24.

23번 연속동작.

25. A ho'i a'e au

Kaholo L/R L/R, L Side
얼굴은 앞을 보고 오른손은 가슴 왼손은 파우

26. 25번 연속 동작

Kaholo Turn R/L R/L
반대로 왼손은 가슴 오른손은 파우 Kaholo로 돈다.

27. Until

Kaholo L/R L/R L Turn 하면서 앞으로 온다.
왼손 입에서 밀면서 옆으로 편다.

28. we meet

Kaholo R/L R/L
왼손은 사선 왼쪽에 두고 오른손은 입에서 앞으로 밀
어 옆으로 편다.

29. again

Ka'o L/R L/R 오른발 앞
양손 옆에서 앞으로 끌어 들여와 마주 잡는다.

30.

29번 연속동작

31. 다시 1절을 한 다음 후렴을 한다.

마지막 again 할 때 잠깐 멈추었다가 Ka'o L/R L/R
하면서 양손이 앞에서 만나 손을 잡는다.

32. 끝마무리 Ending

Kaholo L/R L/R, Kaholo R/L R/L (이때 왼발은 뒤에 놓는다.)
Basic 모션 왼손 옆 오른손가슴(반대로)오른손 입에 대었
다가 앞으로 뺀다.

알로하오에

Queen Lili'uokalani

검은 구름 하늘 가리고

이별의 날은 왔도다

다시 만날 기약을 하고

서로 작별하고 떠나리

알로하 오에

알로하 오에

꽃 피는 시절에 다시 만나리

알로하 오에

알로하 오에

다시 만날 때까지

Aloha Oe

Queen Lili'uokalani

Ha'aheo ka ua I na pali

Ke nihi a'ela I ka nahele

E hahai (uhai) ana paha I ka liko

Pua 'ahihi lehua o uka

Aloha 'oe, Aloha 'oe

E ke onaona noho I ka lipo

One fond embrace,

A ho'i a'e au

Until we meet again

Aloha `Oe

Queen Lili'uokalani

Andate

G　　　　　　　　C　　　　　　G

Ha — 'a — he — o　ka u — a　i　na pa — li,　　Ke
Proud—ly　swe—pt　the rain —　by the cliffs　—　　As

D7　　　　　　　　　　　　　　　G　　　C

ni—hi a—'e—la i　ka na—he —le　　　E ha—hai　a—na pa—ha i ka
on —　it gil—ded through the trees —　　Still —　foll' —wing ev—er the —

G　　　　　　　　　　　C　　　　D7

li　—　ko　　　Pu — a　'a — hi—hi le — hua o—
"li　—　ko,"　　The —　A — hi—hi Le — hua of the

G　　　　　　　C　　　　　　G

u — ka.　A—lo—ha 'o　—　e, a—lo— ha 'o　—　e　E ke
Vale. —　Farewell to thee,　—　—farewell to thee,　—　—　Thou—

D7　　　　　　　　　G　　　　　　　C

o—na—o—na no—ho i ka li　—　po,　　A fond em — brace　a
charming one who dwells in shaded bow' —　rs,　　One fone　en — brace

G　　　　　　　　D7　　　　　　　　　G

ho—'i a—'e au,　　Un — til　　we meet —　　a — gain.
'ere — I depart,　　Un — til　　we meet —　　a — gain.

44

Send Us Out

By Kamaha'o Fung-Nho
Music " Greater Together "

Worship Hula

우리의 마음을 열어주셔서
믿을 수 있도록 믿음을 주소서
우리는 땅 끝까지 예수님의 십자가
복음을 전하겠습니다.
아버지 하나님 우리를 보내 주소서
우리 안에 거룩한 열정을 일으켜
주소서 믿음으로 주님을 영원히
찬양합니다.
이런 뜻을 가진 찬양입니다.
이 찬양처럼 예수님을 내안에 섬기며
복음찬양으로 널리 전해지길 빕니다.

1 . 전주

Kaholo R/L R/L L/R L/R
오른손 옆으로 왼손 가슴(반대로)

2. Enlarge our hearts

Hela R/L
양손 가슴에서 위로 올려 편다

3. And give us faith to believe

Hela R/L
왼손은 가슴 오른손바닥은 이마에 댄 후
앞으로 45°편다.

4. We ask for grace to be the Church

Kaholo R/L R/L
왼손은 가슴 오른손은 왼쪽 위에서 굴려 펴면서
오른쪽으로 민다.

5. You long to see

Kaholo L/R L/R
양손을 눈에 댄 다음 오른손은 눈에 두고 있고 왼손은
밑으로 뺀다.

6. We choose to go to the ends of the earth

피빗 R/L L/R
양손 45°에서 밀어내듯 찍고 Kaholo Turn R side
R/L R/L 양손이 만나 일직선으로 손을 편다.

7. With forgiveness

Hela L/R
양손 옆에서 곧 바로 위로 올린다.

8. through the cross call your children home

Hela L/R
앞으로 내리면서 Love 모션으로 안으로 끌어 들인다.

− 1절 끝 −

9. 후렴

Father send us out　|　Jesus send us out
Kaholo R/L R/L L/R L/R
Hold 한 오른발을 찍으면서 양손 가슴에서 45°각도로
밀어낸다. (반대로)

10. Spirit send us out so the world will

Kaholo R/L R/L
Life모션 양손을 밑에서부터 둥글려 위로 편다.

11. know Your love

Kaholo L/R L/R
양손을 이마에 살짝 찍은 후 위로 올린다.
9번~11번까지 (한 번 더 반복)

12. 간주

Kaholo R/L R/L L/R L/R /
Basic 모션 (2회 반복)
오른팔 옆으로 펴고 왼팔 가슴에
왼팔 옆으로 펴고 오른팔 가슴에

13. Incline our hearts

Hela R/L
양손을 가슴에 세워서 똑바로 위로 올린다

14. Shape us by Your Word

Hela R/L 양손 밖으로 입에 대었다 밖으로 편다.
May our lives display the beauty of Your Love
Kaholo R/L R/L L/R L/R
왼손은 파우잡고 오른손은 밑에서부터 위로 올린 후 Love모션

15. We long to see

Hela R/L | 오른손을 왼쪽 눈에 (손바닥은 안으로)
다시 오른손이 오른쪽 눈에 (손바닥 밖으로)
Your kingdom come
Hela R/L 양손 위로 올렸다 아래로 내리면서 절하는 모습

16. By Your Spirit there is nothing

that can't be done | Kaholo R/L R/L L/R L/R
오른손이 왼쪽 어깨를 스치며 오른쪽 어깨까지 와서 오른손
을 밑으로 떨 군 다음 45° 위로 올린다.

17. 후렴

Father send us out ｜ Jesus send us out
Spirit send us out ｜ So the world will know Your love
9번~11번까지 Bridge (2회 반복)

18. 간주

Kaholo R/L R/L L/R L/R
오른손 옆으로 왼손 가슴
왼손 옆으로 오른손 가슴 (한 번 더 반복)

19. Stir it up in our hearts

Hela R/L
엉덩이에서 양 손바닥을 밖으로 향하게 하고 앞으로
두 손을 모은다.

20. a holy passion

Hela R/L
주먹을 쥐고 배꼽에서 가슴까지 올린다.

50

21. We as Your Church we will go for you

Kaholo R/L R/L L/R L/R
오른손을 왼쪽45° Side에서 손바닥을 한번 뒤집어 옆으로 밀면서 오른쪽 와서 양손이 만나 가슴까지 끌어올린 후 Kaholo L Side로 가면서 45° 각도로 밀어낸다.

22. We sing together

Hela R/L
오른손 입에 대었다가 위로,
왼손 입에 대었다가 위로 올린다.

23. that the King is coming

Hela R/L
양 손바닥을 살짝 밖으로 돌린다. 다시 손바닥을 살짝 안으로 돌리며 위에서 24번 사진처럼 절하는 모습으로 내린다.

24. By faith we go

Kaholo R/L R/L (앞으로)
양손 밑에서 위로 올린다.

25. in endless praise

Kaholo L/R L/R (뒤로)
양손을 박수치는 모습으로 살짝 두 번 친다.

26. 후렴

Father send us out ｜ Jesus send us out
Kaholo R/L R/L L/R L/R
양손을 가슴에서 45° 밀어낸다.

27. Spirit send us out so the world will

Kaholo R/L R/L
Life모션, 양손을 밑에서 부터 둥굴려 위로 편다.

28. know Your love

Kaholo L/R L/R
양손을 이마에 살짝 찍은 후 위로 올린다.
26번～28번까지 (한 번 더 반복)

29. Ending ···1

R stop 앞
왼손이 옆에 있는 상태에서 오른손을 갖다 대었다가

30. ···2

가슴을 스쳐서

31. ···3

오른손을 밑으로 내린 후

32. ···4

위로 올린다.

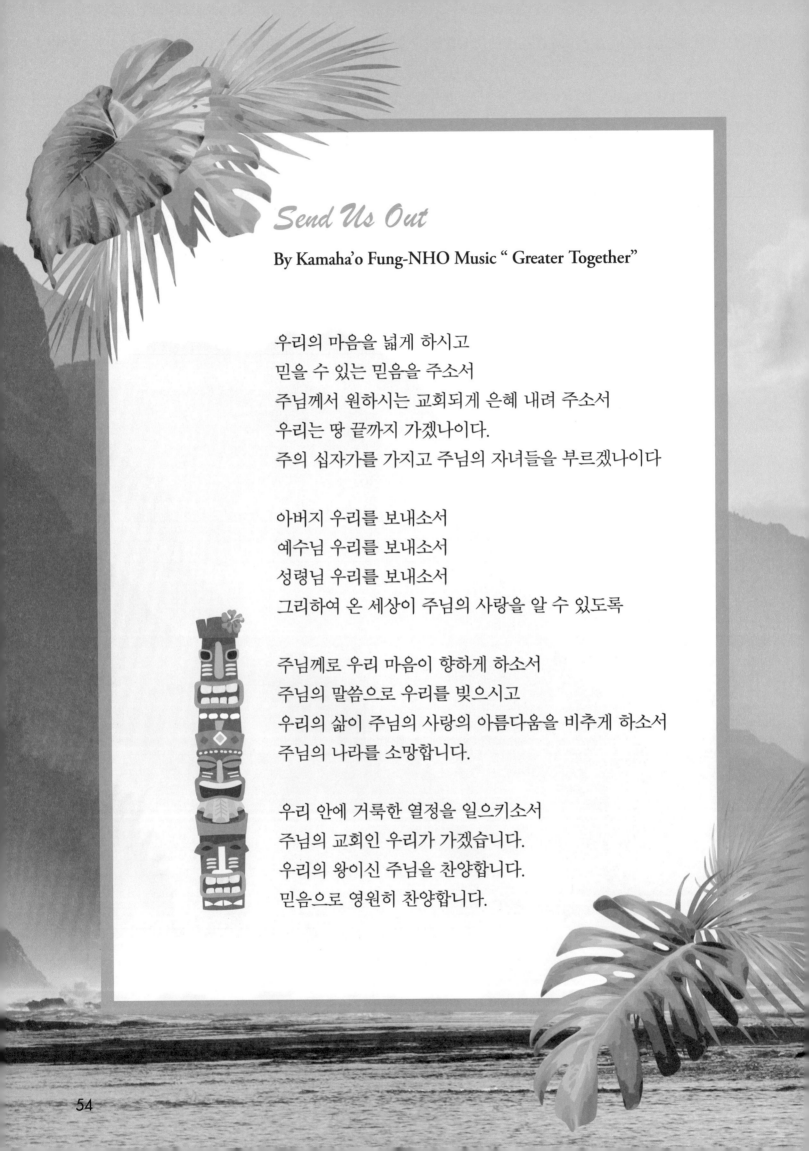

Send Us Out

By Kamaha'o Fung-NHO Music " Greater Together"

우리의 마음을 넓게 하시고
믿을 수 있는 믿음을 주소서
주님께서 원하시는 교회되게 은혜 내려 주소서
우리는 땅 끝까지 가겠나이다.
주의 십자가를 가지고 주님의 자녀들을 부르겠나이다

아버지 우리를 보내소서
예수님 우리를 보내소서
성령님 우리를 보내소서
그리하여 온 세상이 주님의 사랑을 알 수 있도록

주님께로 우리 마음이 향하게 하소서
주님의 말씀으로 우리를 빚으시고
우리의 삶이 주님의 사랑의 아름다움을 비추게 하소서
주님의 나라를 소망합니다.

우리 안에 거룩한 열정을 일으키소서
주님의 교회인 우리가 가겠습니다.
우리의 왕이신 주님을 찬양합니다.
믿음으로 영원히 찬양합니다.

Send Us Out

By Kamaha'o Fung-NHO Music " Greater Together"

Verse:

Enlarge our hearts
And give us faith to believe
We ask for grace to be the Church You long to see
We choose to go
To the ends of the earth
With forgiveness through the cross call your children home

Chorus:

Father send us out
Jesus send us out
Spirit send us out
So the world will know Your love

Verse 2:

Incline our hearts
Shape us by Your Word
May our lives display the beauty of Your Love
We long to see
Your kingdom come
By Your Spirit there is nothing that can't be done

Bridge:

Stir it up in our hearts a holy passion
We as Your Church we will go for You
We sing together that the King is com'
By faith we go in endless praise

Send Us Out

KAMAHAOFUNG

Puamana

by Dennis Pavao

Auana Hula

푸아마나는 우리나라의 동요
고향의봄과 같은 하와이의 곡으로
이곡을 만든 작곡가의 어린시절
리하이나 가정 이야기 입니다.
집이라는 장소에 대한 사랑이
묻어있는 특별한 어린시절의
가족 추억과 사랑을 기억하게 하는
따뜻한 곡으로 훌라를 추면서
각자의 따뜻한 어린시절의 그때로
돌아갈 수 있는 행복한 회상을
해보고자 선정한 곡 입니다.

전주 Kaholo R/L R/L L/R L/R
왼손은 치마를 잡고 오른손은 왼쪽 사선에서 오른쪽 사선으로 민다.
오른손은 똑같이 반대로 한다.

1.Pua 푸아 Kaholo R/L R/L

왼손은 위로 올리고 오른손은 왼쪽 옆에서 손바닥을 뒤집어 오른쪽으로 편다.

2. Mana 마나

Kaholo L/R R/L
양손 양옆으로 벌린 후 밖에서 안으로 모은다.

3. Ku`u home 나의 집은

Kaholo R/L R/L
양손 가슴으로 모아 집 모양을 만든다.

4. i Lahaina 라하이나

Kaholo L/R L/R
양손 오른쪽 위 45°에서 왼손만 사선으로 왼쪽 밑으로
내린다.

5. Me nâ pua 좋은 꽃 `ala onaona 향기

Kaholo R/L R/L ┃ 양손 옆에서 꽃 모양을 만든 후 꽃 모양 밑에 오른 손을 밑으로 받친다.(왼손 꽃 오른손은 감싸 안은 듯한 모션) Kaholo L/R L/R ┃ 위의 동작을 입에다 댄다.(냄새 맡는 모습을 했다가 양 옆으로 편다.)

6. Ku`u home 나의집 i aloha`ia 사랑으로 가득 찬

Ka'o R/L ┃ 양손 가슴으로 끌어 들여 집 모양을 만든다. Ka'o R/L ┃ 왼손 가슴에 얹고 오른손 밖에서 안으로 둥굴려 왼손 등에 얹는다.

7. Ku`u 나의 (2절) 전주(처음동작); 전주 1절 반복 전주

Kaholo R/L R/L 양손 가슴에 댄다.

8. home 집

Kaholo L/R L/R 양손을 가슴에 끌어 들여 집 모양을 만든다.

9. **I ka ulu** 코코넛 나무에 **o ka niu** 둘러싸인

Kawelu R/Base   Kawelu L/Base
양손 밑에서 둥굴려 위로 올리면서 왼손은 오른쪽 가슴에
대고 왼손등 위에 오른 팔을 얹는다. (나무가 서있는 모션)

10. `**O ka niu kû kilakila** 위엄있는 모습

Kaholo R/Turn   R/L R/L
오른쪽으로 돌면서 오른발 뛸 때 오른손 위 왼손 가슴.
왼발 뛸 때 왼손 위 오른손 가슴 4번

11. **Napenape** 온화한 **mâlie** 바람 속에

Ka'o R/L Ka'o R/L
왼손은 45° 위로 오른손은 머리 위에서 2번 둥굴린다.
(바람 모션 한번은 작게 한번은 크게)

12. 3절 **Home nani** 아름다운 집

Kaholo R/L R/L R/L R/L
양손 가슴에서 집 모양을 만든 후 머리 위로 올려 X자로
한 후 양 옆으로 편다.

13. Home i ka`ae kai 바다 근처의 해변에 있는 집
Ke kônane 함께

Kaholo L/R L/R L/R L/R
파도 모양을 한다. | 첫 번째는 작게 두 번째는 크게.

14. a ka mahina 밝은 달과

Kaholo 앞으로 R/L R/L Kaholo 뒤로 L/R L/R
양손 옆에서 위로 올린 후 달 모양을 만든다.
(양손 바닥 밖으로)

15. I ke kai 파도의

Ka'o R/L
파도 모양을 한다. (작은 파도, 큰 파도)
(양손 오른쪽에서 왼쪽으로 2번)

16. hâwanawana 속삭임이 들리는곳

Ka'o R/L
왼손은 가슴에 얹고 오른손 검지를 입에서 앞으로 뺀다.
전주 3절 반복 전주

17. Ha`ina`Ia 이야기를 한다. 4절

Ka'o R/L | 왼손은 가슴 오른손은 입에서 앞으로 뺀 후
Kaholo R/L R/L | 양손 입에서 앞으로 뺀다.

18. mai ka puana 다시 한번 전한다

Ka'o L/R   Kaholo L/R L/R
17번 동작을 반대로 한다.

19. Ku`u home 우리집

Kaholo R/L R/L
양손 가슴에서 세모 모양으로 집 모양

20. i Lahaina 라하이나

Kaholo L/R L/R
4번 동작과 같이 한다.

21. I piha me ka 즐거움이 있는곳

Ka'o R/L
양손 가슴에서 오른손 왼손 둥굴린다.
(Joy 모션)

22. hau`oli 행복

Ka'o R/L
양손 입에서 밖으로 뺀다.
전주 4절 반복

23. 끝마무리

Ka'o R/L
왼손 가슴 오른손 사선 옆으로 밀 듯이
오른손 가슴 왼손 사선 옆으로 밀듯이

24.

Kii wawae R/3시, 1시 찍고 인사
양손 옆에서 입으로 모아서 사선으로 편다.
오른손 위 왼손 옆(인사)

푸아마나

Dennis Pavao

푸아마나 나의집
라하이나 좋은 꽃
향기 사랑하고 사랑스러운 집

나의 집 코코넛 나무에 둘러싸인 위엄있는 모습
온화한 바람 속에

아름다운 집 해안에 기대어
세우고 있는 밝은 달과 파도소리
속삭임이 들리는 곳

이야기는 반복되어갑니다
우리집 라하이나 즐거운 행복있는곳

Puamana

Dennis Pavao

Puamana, kuʻu home i Lahaina
Me nā pua ʻala onaona
Kuʻu home i aloha ʻia

Kuʻu home i ka ulu o ka niu
ʻO ka niu kū kilakila
He napenape mālie

Home nani, home i kaʻae kai
Ke kōnane a ka mahina
I ke kai hāwanawana

Haʻina ʻia mai ka puana
Kuʻu home i Lahaina
I piha me ka hauʻoli

Puamana

Allegro

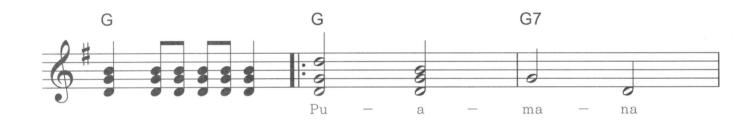

Pu — a — ma — na

ku–'u ho—me i   Lala — i–na   Me na pu — a

'a—la o—na—o — na   Ku'u ho—me i a—lo—ha 'ia

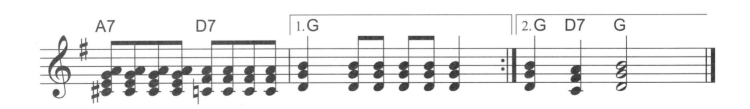

Kananaka

Auana Hula

kananaka는 인어의 이름입니다
바람에 해초의 향기가 물씬 풍기는
아름다운 하와이바다에서 인어가
파도를 타며 바다에서 뛰어놀다가
밤이되면 달빛이 비치는 절벽위에서
잠이드는 하와이의 신비롭고 아름다운
모습을 표현했습니다

··· 전주

> Kaholo (R/L/R/L, L/R/L/R)
> 왼손 가슴앞에 놓고, 오른손 안에서 밖으로 연다.
> 오른손 가슴앞에 놓고, 왼손 안에서 밖으로 연다.

1. 'O Ka pa mai

> Kalolo (R/L/R/L)
> 양 손목을 머리위에서 교차하며 원을 한번
> 그린다.

2. a ka Ma'a'a

> Kalolo (L/R/L/R)
> 왼손을 45도 각도로 곧게 뻗고, 오른손으로
> 머리위에서 원을 두 번 그린다.

3. Halihali mai ana la i ke 'ala

> Ka'o (R/L/R/L)
> 향기를 맡는 느낌으로 양손을 코밑에서 그대로 앞으로 밀
> 어낸 후, 양 옆으로 펼친다.

4. Ke 'ala onaona o ka lipoa

Hela(R/L/R/L)
해초를 따서 바구니에 담는 것을 표현한다.
왼손을 왼쪽 사선 아래로 팔을 폈다가 오른팔 원안으로
집어넣는다

5. Hana ʻoe a kani

Kaholo (R/L/R/L)
양손을 코에서부터 양쪽 옆으로 동그랗게 펼친 다음 가슴에 X
자 모양으로 교차하여 놓는다

6. pono

Hela(L/R/L/R)
양손 가슴앞에서 모은 후 앞으로 부드럽게
밀어준다

7. Hana ʻoe a kani

Kaholo (L/R/L/R)
5번과 동일

8. pono

Hela(R/L/R/L)
6번과 동일

··· 간주 1

Kaholo (R/L/R/L L/R/L/R)
왼손 가슴앞에 놓고, 오른손 안에서 밖으로 연다.
오른손 가슴앞에 놓고, 왼손 안에서 밖으로 연다.

9. Nani wale

Ka'o (R/L)
아름다움에 감탄한 모습을 표현하는 동작.
왼팔은 위로 오른팔은 어깨높이로 들고 손등을 마주하여
양팔을 안으로 살짝 모은 후, 양손을 뒤집어 밖으로 펼친다

10. ia pu'e one

Kaholo (R/L/R/L)
검지와 중지를 빠르게 교차하며 가슴앞에서 X자 모양으로
손목을 모은다.

11. I ka nalu he'e mai

Kaholo back 45° (L/R/L/R)
가슴앞에서 양 손목을 교차한 다음, 크게 머리위로 원을 그리며 왼손은 45° 위, 오른손은 45° 아래로 놓아 대칭을 만든다.

12. a'o Kananaka

Uwehe (R/L)
손등을 아래에서 위로 부드럽게 뒤집으며, 몸을 왼쪽으로 기울여 45° 위를 본다

13. Kahi a makou a e he'e ai

Ka'o (R/L/R/L)
1) 오른팔은 아래로, 왼팔은 위로 올리며 몸을 오른쪽 아래로 기울인다 2) 반대로 오른팔은 위로, 왼팔은 아래로 내리며 몸을 왼쪽으로 일으킨다. (2번반복)

14. I ka 'ehu 'ehu o ke

Ka'o (R/L)
양손을 가슴앞에서 서로 바깥으로 감으며 바다를 표현한다.

15. ka'i

Kaholo(R/L/R/L)
파도를 표현하며 양손을 부드럽게 오른쪽으로 움직인다.

16. I ka 'ehu 'ehu o ke

Ka'o (L/R)
14번과 동일

17. ka'i

Kaholo(L/R/L/R)
파도를 표현하며 양손을 부드럽게 왼쪽으로
움직인다.

⋯ 간주 2.

Kaholo (R/L/R/L L/R/L/R)
왼손 가슴앞에 놓고, 오른손 안에서 밖으로 연다.
오른손 가슴앞에 놓고, 왼손 안에서 밖으로 연다.
(전주와 같은동작)

18. 'O ka mahina hiki alo alo

Kawelu (R/L/R/L, L/R/L/R)
오른손, 왼손 순서대로 아래에서 위로 올리며 머리위에서 달 모양의 원을 만든다.

19. Ho'ola 'ila 'i ana

45 ° back step (R) ｜ Half turn ｜ 45 ° back step(L)
1) 오른손 가슴앞, 왼손 45도 위로 곧게 뻗는다
2) 180 ° 턴(Half turn) 하며 몸이 뒤를 본 후,
왼손 가슴앞, 오른손 45도 위로 곧게 뻗는다.

20. la i na pali

kaholo (R/L/R/L) with half turn
양손을 나란히 하여 왼쪽 아래에서 오른쪽 45 ° 위로 천천히 올려 절벽을 표현한다.

21. Pohina wehiwehi

kaholo (L/R/L/R)
오른손은 45 ° 위로 그대로 들고 왼손은 코밑을 스쳐 45 ° 아래로 내려 양팔을 사선으로 대칭을 만든다.

22. i ke ona ona

Walking side 4steps (R/L/R/L)
양손을 코앞에서 교차한 후 손가락 끝을 동그랗게 모아
꽃봉오리 모양을 만든다. (2번반복)

23. Koni ma'e 'ele i ke

Around the island(R/L/R/L)
양손을 X자 모양으로 교차해서 가슴 앞에 놓는다.

24. kino

kuku(R)
왼손은 힙에 놓고 오른손은 머리 위에서부터 검지와 중
지를 빠르게 교차하며 아래로 내린다

25. Koni ma'e 'ele i ke kino

Ami kuku (L)
1) 양손을 머리위에서 한번, 어깨위에서 한번 물결모양을
만든다음 2) 오른손은 힙에 놓고 왼손은 머리 위에서부터
검지와 중지를 빠르게 교차하며 아래로 내린다

··· 간주3

Kaholo (R/L/R/L L/R/L/R)
왼손 가슴앞에 놓고, 오른손 안에서 밖으로 연다.
오른손 가슴앞에 놓고, 왼손 안에서 밖으로 연다.

··· 엔딩 1.

Kaholo back 45° (R/L/R/L L/R/L/R)
오라고 유혹하는 듯이 왼쪽 허리에서 손바닥을 위로 하여 팔
꿈치를 잡아당긴다. 반대로 다시한번 시행한다.

··· 엔딩 2.

Kaholo back 45° (R/L/R/L L/R/L/R)
오른손은 힙에 놓고, 왼손은 머리위에서 이별을 고하는
느낌으로 손목을 움직여 바이바이 한다.
반대로 다시한번 시행한다.

··· 엔딩포즈

Back step(R), Forward(L)
가슴앞에서 양팔을 모았다가 곡선을 만들어 위로 펼친다.

카나카

Ma`a`a 바람이 향기를 싣고 불어오네
바람에 실려 향기를 풍기니
리포아(해초이름)의 향기가
당신이 만족할 때 까지

아름답게 펼쳐진 모래와
인어들이 파도 타기를 하며
써핑을 하고 있네
물보라를 날리며

달은 하늘의 정상에 이르고
절벽위에 평온하게 잠이드네
은빛찬란하고 아름다운 향기를 풍기며
몸은 감동으로 벅차 오른다

Kananaka

'O Ka pa mai a ka Ma'a'a
Halihali mai ana la i ke 'ala
Ke 'ala onaona o ka lipoa
Hana 'oe a kani pono

Nani wale ia pu'e one
I ka nalu he'e mai a'o Kananaka
Kahi a makou a e he'e ai
I ka 'ehu 'ehu o ke kai

'O ka mahina hiki alo alo
Ho'ola 'ila 'i ana la i na pali
Pohina wehiwehi i ke ona ona
Koni ma'e 'ele i ke kino

Kananaka

장미

사월과 5월의 노래

K-Pop Hula

사랑을 시작할 때

서로 사랑을 허락한 다음

세상을 다 얻는 듯한

아름다운 사랑을 고백 할 때

서로 헤어지고

서로 그리워하고

다시 사랑을 하게 될 때도

생각나는 장미

아름다운 몸짓으로 꽃내음을

함께 나누고 싶어요.

1. 전주

> Kaholo R/L/R/L L/R/L/R ×2
> 왼손가슴에 오른손을 펴고, 오른손 가슴에 왼손을 펴고,
> 파우 잡고, 오른손 안에서 밖으로 왼손 안에서 밖으로
> 천천히 연다.

2. 당신에게 선

> Kaholo R/L/R/L L/R/L/R
> 양팔을 밖에서 가슴 안으로 모은다.

3. 꽃내음이 나네요

> Kaholo R/L/R/L L/R/L/R
> 양손 입에서 앞으로 내밀면서 45° 각도로 펼친다.

4. 잠자는 나를 깨우고 가네

> Kaholo R/L/R/L L/R/L/R
> 양손을 밖에서 안으로 모으면서 오른손 손등 위에 왼손 팔
> 꿈치를 받치고, 왼손 손가락 끝을 오른쪽 볼에 살짝 붙인다.

5. 요

Kaholo R/L/R/L L/R/L/R
오른손 가슴에 왼손 펴고 25°각도로 간다.
왼손 가슴에 오른손 펴고 25°각도로 간다.

6. 싱그런 잎사귀 돋아

Double Kaholo R/L/R/L L/R/L/R 45°앞으로
파우 잡고 45° 앞으로 가면서 약간 위에서 오른손,
왼손 둥글려 사이를 두고 모은다.

7. 난 가시처럼 어쩌면

Lele R/L/R/L 45° 뒤로
양손을 깍지를 낀 후 검지손가락만 붙여서 편다.

8. 당신은

Kaholo R/L/R/L 앞으로
양손으로 가슴을 살짝 친 다음 다시 앞으로 밀어낸다.

9. 장미를 닮았네

Ka'o L/R Slow
손바닥 밑에서 손바닥 뒤집어서 꽃봉우리를 만든다.

10. 요

Ka'o L/R/L/R Slow
오른손이 왼손 꽃봉우리 위를 살짝 만진후 천천히 오른쪽
으로 연다.

11. 당신의 모습이 장미꽃 같아

Kaholo L/R/L/R R/L/R/L ×2
양손 바닥을 안쪽으로 해서 밑으로 내린후 양손을 밑으
로 둥글려 위로 펼치면서 내려온다.

12. 당신을 부를땐 당신을 부를땐

'Ao'Ao L/R, Kaholo L/R/L/R R/L/R/L
왼손 파우 잡고 오른손 입에 댄후 위로, 오른손 파우 잡고
왼손 입에 댄후 위로 돌면서 정면을 보면서 내린후, 양손
을 입에 댄후 앞으로 내밀고 펼친다.

13. 장미라고 할래요

Kaholo L/R/L/R R/L/R/L, Ka'o L/R/L/R
양손을 밑으로 둥글려 위로 펼쳐 내려오면서 꽃봉우리를 만들고, 마지막 박자에 오른발을 앞으로 내민다.

14. 당신에게선 꽃내음이 나네요

Kaholo R/L/R/L L/R/L/R ×2
양팔을 밖에서 가슴 안으로 모아서, 양손 입에서 앞으로 내민 후, 25° 각도로 펼친다.

15. 잠못이룬 나를 재우고 가네요

Kaholo R/L/R/L L/R/L/R
Ka'o R/L/R/L 마지막 박자에 Deep 13번 연결 동작으로 손바닥을 앞으로 편후 90° 회전 교차하면서, 4번 동작 연결한다.

16. 어여쁜 꽃송이 가슴에 꽂으면 동화속

Kaholo R/L/R/L L/R/L/R ×2
왼손 파우 잡고, 오른손 45° 꽃봉우리를 만든후 위로 올리고, 느리게 왼쪽 가슴에 왼손 손바닥으로 꽃봉우리를 받친다.

17. 왕자가 부럽지 않아

Lele R/L/R/L 앞으로
오른손 주먹을 쥐고 오른쪽 가슴에 대고 왼손은 아래로
내린다.

18. 요

Kaholo Turn R/L/R/L, Ka'o L/R
손바닥이 위로 향하게 한후 양팔을 벌린다.

19. 당신의 모습이 장미꽃 같아

Kaholo L/R/L/R R/L/R/L ×2
양손 바닥을 안쪽으로 해서 밑으로 내린후 양손을 밑으
로 둥글려 위로 펼치면서 내려온다.

20. 당신을 부를땐 당신을 부를땐

'Ao'Ao L/R ,Kaholo L/R/L/R R/L/R/L
왼손 파우 잡고 오른손 입에 댄후 위로 오른손 파우 잡고
왼손 입에 댄후 위로 돌면서 정면을 보면서 내린후, 양손을
입에 댄후 앞으로 내밀고 펼친다.

21. 장미라고 할래요

Kaholo L/R/L/R R/L/R/L ,Ka'o L/R/L/R
양손을 밑으로 둥글려 위로 펼쳐 내려오면서 꽃봉우리
를 만들고, 마지막 박자에 오른발을 앞으로 내민다.

22. 당신에게선 꽃내음이 나네요

Kaholo R/L/R/L L/R/L/R ×2
양팔을 밖에서 가슴 안으로 모아서, 양손입에서 앞으로 내
밀고, 45° 각도로 펼친다.

23. 잠자는 나를 깨우고 가네요

Kaholo R/L/R/L L/R/L/R ×2
4번, 5번 손동작

24. 싱그런 잎사귀 돋아

Kaholo R/L/R/L L/R/L/R, 45°앞으로
6번 손동작

25.난 가시처럼 어쩌면

Lele R/L/R/L 45° 뒤로
7번 손동작

26. 당신은 장미를 닮았네요 어쩌면

Kaholo R/L/R/L앞으로, L/R/L/R R/L/R/L
Ka'o L/R Slow
8번, 9번, 10번 손동작

27. 당신은 장미를 닮았네요 어쩌면

Kaholo L/R/L/R R/L/R/L
Ka'o L/R/L/R, Slow
8번, 9번, 10번 손동작

28. 당신은 장미를 닮았네요

'Ao'Ao L/R, Ka'o L/R/L왼발뒤로/R
오른손 치마 잡고 왼손을 꽃봉우리를 만들어 앞으로 내밀
고, 오른손은 꽃받침을 만들어 왼손 꽃봉우리 밑에 받치고,
마지막 박자에 위로 올린다.

장 미

김미선 작사/백순진 작곡
사월과 오월의 노래

당신에게 선 꽃내음이 나네요
잠자는 나를 깨우고 가네요
싱그런 잎 사귀 돋아 난 가시처럼
어쩌면 당신은 장미를 닮았네요

당신의 모습이 장미꽃 같아
당신을 부를땐 당신을 부를땐
장미라고 할래요

당신에게 선 꽃내음이 나네요
잠못이룬 나를 재우고 가네요
어여뿐 꽃송이 가슴에 꽂으면
동화속 왕자가 부럽지 않아요

당신의 모습이 장미꽃 같아
당신을 부를 땐 당신을 부를땐
장미라고 할래요

당신에게 선 꽃내음이 나네요
잠자는 나를 깨우고 가네요
싱그런 잎 사귀 돋아 난 가시처럼
어쩌면 당신은 장미를 닮았네요

어쩌면 당신은 장미를 닮았네요
어쩌면 당신은 장미를 닮았네요

장미

사월과오월

당 신에게 선 꽃내음이나네 요

잠 자는나를 깨우고 — 가네 요 —

싱 그런잎사 귀 돌아 난 가시처럼 — 어쩌면

당 신은 — 장 미를닮았네 요 —

당 신의모습 이 장미꽃같 아 — — 당신

90

분홍 립스틱

K-Pop Hula

필자는 훌라 활성화 방안에 대해 많은
고민을 해보았습니다.
K-pop을 훌라 특유의 스토리텔링으로
전하면 대중에게 좀 더 친숙하게 다가갈
수 있으리라 생각하게 되었습니다.
'분홍립스틱'은 남녀노소 누구나 한번쯤
은 들어봤을 곡으로 이제 갓 입문한
훌라 댄서들도 충분히 즐길 수 있는
안무로 짜여 있습니다.
이 곡 속에서 분홍색이 주는 느낌
첫사랑, 설레임이 춤을 추는 댄서에게서
또, 관객에게로 있는 그대로 전달되길
바랍니다.

1. 언제부턴가 그대를

KaHoLo(R/L/R/L/L/R/L/R)
양손을 밖에서 안으로 모으면서 왼손 등위에 오른 팔꿈치를 받치고, 오른 손등을 왼쪽 볼에 살짝 붙인다.

2. 그대를 처음 만난 날

ÀoÀo(R/L/R/L/L/R/L/R)
오른손을 스텝과 함께 180° 뒤로 뺀 후, 안으로 끌어 들이면서 앞으로 빼고, 왼손도 똑같이 한 후, 정면에서 만난다.

3. 남 모르게 그려 본 분홍 립스

KaHoLo (R/L/R/L/L/R/L/R)
양손을 모아서 이마에 댄 후, 양 옆으로 약간 흔들며 뺀다. (X2)

4. 틱

Ka'o (R/L/R/L)
왼손을 45° 위로 쭉 뻗어서, 손가락을 모은 후, 손바닥을 자신을 향하게 한다 (거울을 보듯이). 오른손 검지와 중지 손가락으로 입술에 립스틱을 바르듯, 동작한다. (입술이 직접적으로 닿지 않는다.)

5. 떨리던 마음같이

KaHoLo (R/L/R/L/L/R/L/R)
두 손을 원을 그리듯이 감싼 후, 왼쪽 가슴에 손을 포갠
다. 두근두근 심장이 뛰는 것처럼 핸드모션을 준다.

6. 사랑스럽던 그 빛깔

KaHoLo (R/L/R/L/L/R/L/R)
왼손을 옆으로 뻗고, 오른손으로 왼손을 터치 한 후, 오른
손가락을 흔들면 반원을 그려준다.

7. 말없이 바라보던

LeLe U'wehe (R/L)
왼손과 오른손을 왼손 눈에 대었다가 오른손을 45°각도로
편다. 반대방향으로 한번 더한다.

8. 다정했던 모습

Hela(R/L/R/L)
양손을 모아서 손바닥이 자신을 향하게 입술방향으로 끌
어당긴 후, 손을 반대로 뒤집어서 바깥쪽으로 내민다.

9. 우리 사랑은 눈부시게

KaHoLo (R/L/R/L/L/R/L/R)
양손을 앞으로 모아서 'X'자 모양으로 손가락을 흔들며
양옆으로 편다.

10. 눈부시게 시작됐지만

KaHoLo (R/L/R/L/L/R/L/R)
두 손을 "Love모션 (X모양으로 가슴에 포갠다)' 한 다음, 다시 양
옆으로 편다.

11. 이제는 지워질 분홍 립스

KaHoLo (R/L/R/L/L/R/L/R)
오른손바닥을 45° 세워서 밖으로 2번 돌리듯이 흔든다.
왼쪽도 반대 손으로 같은 동작을 한다.

12. 틱

4번과 같은 동작

13. 지금은 떠나야 할

KaHoLo 45° Side (R/L/R/L) | KaHoLo Back45° (L/R/L/R)
양손 바닥이 아래로 향하게 수평으로 모아서 오른쪽
앞 45°로 간 후, 왼쪽 45°뒤로 이동할 때, 양손을 180°
로 펼친다.

14. 사랑했었던 그 사람

ÀoÀo(R/L/R/L/L/R/L/R)
오른손을 스텝과 함께 180° 뒤에서 뺀 후, 안으로 끌어 들이
면서 가슴에 대고, 왼손도 똑같이 한 후, 'Love' 모션한다.

15. 이별은 슬프지만

Hela(R/L/R/L)
천천히 양손을 눈에서 내린 후, 뒤집어서 'X'자 로 오픈
한다.

16. 보내야할 사람

KaHoLo R Turn (R/L/R/L) | KaHoLo45°(L/R/L/R):Deep and up
오른손을 가슴에 대고 360º Trun 후, 왼손을 가슴에 대
고, 오른손은 옆으로 쭉 뻗은 상태에서 간다.

17. 오늘 밤만은 그댈 위해서

Lele for (R/L/R/L)
주먹을 살짝 쥐듯이 모았다가 별이 반짝이는 모습처럼 손가락을 튕기는 것처럼 편다.
오른쪽, 왼쪽 번갈아 가면서 동작을 취한다.(x2)

18. 분홍의 립스틱을 바르겠어요

4번과 같은 동작

19. 그대 가슴에 지워지지 않는

KaHoLo (R/L/R/L/R/L/R)
양손을 'X'자(뜻:Love) 로 가슴에 들어왔다가 손바닥을 밖으로 뒤집어서 X'자 모양으로 뺀다.

20. 분홍의 입술 자욱 새기겠어요

Ka'o (R/L/R/L)
양손을 모아서 손바닥이 자신을 향하게 입술방향으로 끌어 당긴 후, 그대로 바깥쪽으로 밀어낸다.

21. 내일이 오면 떠나야 하는

KaHoLo (R/L/R/L/L/R/L/R)
양손을 둥굴리면서 위로 올린 후, 양 옆으로 편다.

22. 그대의 슬픈 눈을 들여다보면

Hela(R/L/R/L)
양 손을 눈에 댄 후, 오른손을 오른쪽 눈에 대고, 왼손은
45° 앞쪽 위로 올린 후, 거울을 바라보듯이 한다.

23. 눈물 방울이 얼굴을 적시고

Hela (R/L/R/L)
양 손가락을 눈쪽부터 흔들거리며, 턱 밑까지 천천히 내
린다.

24. 분홍의 립스틱을 지워요

KaHoLo (R/L/R/L/L/R/L/R)
4번과 같은 동작 후, 오른손바닥을 45으로 세워서 밖으로
2번 돌리듯이 흔든다.

분홍 립스틱

강인구 작곡

언제부턴가 그대를 그대를 처음 만난 날
남 모르게 그려본 분홍 립스틱
떨리던 마음같이 사랑스럽던 그 빛깔
말없이 바라보던 다정했던 모습

우리 사랑은 눈부시게 눈부시게 시작됐지만
이제는 지워질 분홍 립스틱
지금은 떠나야 할 사랑했었던 그 사람
이별은 슬프지만 보내야할 사람

오늘 밤만은 그댈 위해서
분홍의 립스틱을 바르겠어요
그대 가슴에 지워지지 않는
분홍의 입술 자욱 새기겠어요
내일이 오면 떠나야하는 그대의 슬픈 눈을 들여다보면
눈물방울이 얼굴을 적시고 분홍의 립스틱을 지워요

분홍립스틱

작사 · 작곡 강인구
노래 강애리자

언제 부 턴-가 - - 그 대를 - 　 그 - 대를 처음 만 난날
사 랑 - 은 - 눈부 시게 - 　 눈부 시 게 시 작 됐 지만

남모르 게 그 려 - 본 - 　 분 홍 - 립 스 틱
이 - 제 는 지 워 - 진 - 　 분 홍 - 립 스 틱

떨 리 던 　 - 마음같 이 　 사 랑
지 금 은 　 - 떠 나 야 할 　 사 랑

스 럽던그 빛깔 - 　 말 없 이 　 바 라 보던
했 었던그 사람 - 　 이 별 은 　 슬 프 지만

- · 다 정 했던 - 모 습 - 　 우 리
- 보 내

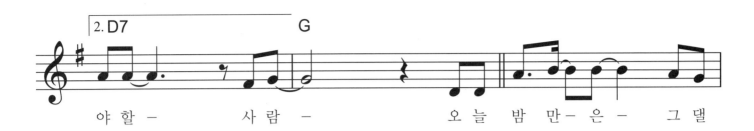

야 할 — 　　사 람 — 　　　오 늘 밤 만 은 — 그 댈

위 해 — 서 — 분 홍 의 립 스 틱 을 — 바 르 겠 어 — 요 — 　　그 대

가 슴 — 에 — 지 워 지 지 않 는 — 분 홍 의 입 술 자 욱 — 새 기 겠

어 — 요 — 　　내 일 이 오 — 면 — 떠 나 야 하 — 는 — 그 대 의

슬 픈 눈 을 — 들 여 다 보 면 — 　　눈 물 방 울 — 이 얼 굴 을

적 시 — 고 — 　　분 홍 의 　립 스 틱 을 — 지 워 요

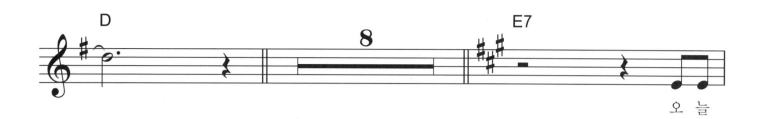

오 늘

밤 만 은 - 그 댈 위 해 - 서 - 분 홍 의 립 스 틱 을 - 바 르 겠

어 - 요 - 그 대 가 슴 - 에 - 지 워 지 지 않 는 - 분 홍 의

입 술 자 욱 - 새 기 겠 어 - 요 - 내 일 이 오 - 면 - 떠 나

야 하 - 는 - 그 대 의 슬 픈 눈 을 - 들 여 다 보 면 - 눈 물

방 울 - 이 얼 굴 을 적 시 - 고 - 분 홍 의

립 스 틱 을 - 지 워 요 오 늘

103

The Hukilau Song

by Jack Owens

Keiki Hula

Hukilau는 오래전부터 전해 내려오는
하와이의 고기 잡는 방식입니다.
저녁에 긴 그물을 바다에 던져놓고,
아침에 사람들이 함께 힘을 모아 그물을
건져 올리는 모습을 담은 노래입니다.
이 노래는 동작이 단순하고 반복적이어서,
아이들과 함께 배워서 즐겁게 출 수 있는
곡이예요. 함께 춰 보실래요?

1. Oh, we're going to a hukilau,

Kaholo R/L/R/L L/R/L/R
양팔을 달리는 모습으로 오른쪽으로 갔다가 왼쪽으로는
그물을 끌어당기는 동작을 한다.

2. a huki, huki, huki, huki, hukilau

Kaholo R/L/R/L/R/L
왼쪽에서 오른쪽으로 그물을 끌어당기는 동작을 한다.

3. Everybody loves the hukilau

Kaholo L/R/L/R
양손을 가슴 앞에서 X자로 한 다음 양 옆으로 편다.

4. Where the laulau is the kaukau at the big lu'au

Ka'o L/R/L/R
왼손 바닥을 위로 45°각도에서 오른손가락 검지중지로 찍
어서 먹는 모습 두 번.

5. We throw our nets

Kaholo 45˚ L/R/L/R
양손을 오른쪽어깨에서 45˚ 왼쪽으로 그물을 던지는
모습

6. Out into the sea

Kaholo Back and Turn R side/L/R/L
양팔을 나란히 뻗은 상태에서 부드럽게 바다의 넘실거리는
물결의 움직임을 표현.

7. And all the 'ama'ama Come swimming to me

Kaholo for/L/R/L/R ┃ Hela 45˚ R/L
양손바닥이 아래로 향하게 포갠 상태에서 좌우로 물고기가
헤엄치는 동작.
양손엄지손가락만 펴서 밑에서 끌어올리듯 가슴 앞으로 온다.

8. Oh, we're going to a hukilau,

Kaholo R/L/R/L L/R/L/R
양팔을 달리는 모습으로 오른쪽으로 갔다가 왼쪽으로는
그물을 끌어당기는 동작을 한다.

9. huki, huki, huki, huki, hukilau

Kaholo R/L/R/L/R/L/R/L
왼쪽에서 오른쪽으로 그물을 끌어당기는 동작을 한다.

10. What a wonderful day

Kaholo L/R/L/R
양손 손가락을 흔들며 원을 그려 편다.

11. for fishing

Ka'o R step Back/L
몸을 뒤로 제꼈다가 앞으로 낚시대를 던지는 모습.

12. The old Hawaiian way. Where the hukilau nets are swishing Down in old La'ie Bay

Kaholo R/L/R/L|Ka'o R/L 두 번 | Kaholo R/L/R/L L/R/L/R
양손을 원을 그리며 앞으로. 몸을 숙이며 양손 터는 동작x2.
몸을 젖히며 왼쪽으로 양손 넘긴 후 펼친다.

13. Oh, we're going to a hukilau,

Kaholo R/L/R/L L/R/L/R
양팔을 달리는 모습으로 오른쪽으로 갔다가 왼쪽으로는
그물을 끌어당기는 동작을 한다.

14. a huki, huki, huki, huki, hukilau

Kaholo R/L/R/L/R/L
왼쪽에서 오른쪽으로 그물을 끌어당기는 동작을 한다.

15. Everybody loves the hukilau

Kaholo L/R/L/R
양손을 가슴 앞에서 X자로 한 다음 양옆으로 편다.

16. Where the laulau is the kaukau at the big lu'au

Ka'o L/R/L/R
왼손바닥을 위로 45° 각도에서 오른손가락 검지중지로
찍어서 먹는 모습 두 번.

17. We throw our nets

Kaholo 45° L/R/L/R
양손을 오른쪽어깨에서 45°
왼쪽으로 그물을 던지는 모습.

18. Out into the sea

Kaholo Back and Turn R side/L/R/L
양팔을 나란히 뻗은 상태에서 부드럽게 바다의 넘실거리는
물결의 움직임을 표현.

19. And all the 'ama'ama Come
swimmimg to me

Kaholo for/L/R/L/R | Hela 45° R/L
양손바닥이 아래로 향하게 포갠상태에서 좌우로 물고기가
헤엄치는 동작.
양손엄지손가락만 펴서 밑에서 끌어올리듯 가슴 앞으로 온다.

20. Oh, we're going to a Hukilau,

Kaholo R/L/R/L L/R/L/R
양팔을 달리는 모습으로 오른쪽으로 갔다가 왼쪽으로는
끌어당기는 동작을 한다.

21. Huki, huki, huki, huki, Hukilau

Kaholo R/L/R/L/R/L/R/L
왼쪽에서 오른쪽으로 그물을 끌어당기는 동작을 한다.

22. Everybody loves the Hukilau

Kaholo L/R/L/R
양손을 가슴앞에서 X자로 한 다음 양 옆으로 편다.

23. Where the laulau is the kaukau at the big lu'au

Ka'o L/R/L/R
Hand motion : 왼손 바닥을 위로 45°각 도에서 오른손
가락 검지중지로 찍어서 먹는 모습 두 번.

24. We throw our nets

Kahoro 45° L/R/L/R
양손을 오른쪽어깨에서 45° 왼쪽으로 그물을 던지는 모습.

25. Out into the sea

Kaholo Back and Turn R side/L/R/L
양팔을 나란히 뻗은 상태에서 부드럽게 바다의 넘실거
리는 물결의 움직임을 표현.

26. And all the 'ama'ama Come swimming to me

Kaholo for/L/R/L/R ㅣ Hela 45°R/L
양손바닥이 아래로 향하게 포갠 상태에서 좌우로 물고기가
헤엄치는 동작. 양손엄지손가락만 펴서 밑에서 끌어올리듯
가슴 앞으로 온다.

27. Oh, we're going to a hukilau,

Kaholo R/L/R/L L/R/L/R
양팔을 달리는 모습으로 오른쪽으로 갔다가 왼쪽으로
는 그물을 끌어당기는 동작을 한다.

28. a huki, huki, huki, hukilau x3

Kaholo R/L/R/L L/R/L/R x2
Kaholo R/L/R/L L/R/L/R Turn R
그물을 끌어당기는 동작을 3번 반복한 후, 양손 옆으로
펴면서 돈 다음 오른발을 앞에 놓고 양손을 위로 올린다.

후킬라우 송

잭 오웬

오, 우린 그물을 끌어당기러 갈 거야,

모두가 그물 끌어당기기를 좋아해요

잡은 물고기들을 요리해서 함께 먹어요

우리는 그물을 바다에 던져요.

물고기들이 헤엄쳐서 나에게로 와요.

오, 우리는 그물을 끌어당기러 갈 거야

낚시하기에 얼마나 좋은 날인가요

오래된 하와이 방식

끌어당긴 그물에서 고기를 털어요

오래된 라이에 포구(만) 아래에서

The Hukilau Song

Oh, we're going to a hukilau

A huki, hiki, huki, huki, hukilau

Everybody loves a hukilau

where the laulau is the kaukau at the big lu'au

We throw our nets out into the sea

And all the 'ama'ama come swimming to me

Oh, we're going to a hukilau

Huki, huki, huki, huki, hukilau

What a wonderful day for fishing

The old Hawaiian way

Where the hukilau nets are swishing

Down in old La'ie Bay

Oh, we're going to a hukilau

A huki, huki, huki, hukilau

Hukilau Song

by Jack Owens

Moderato

Oh we're go – ing to a Hu-ki-lau, a

Hu-ki hu-ki hu-ki hu-ki hu-ki hukilau Eve-ry bo – dy loves a

Hu-ki-lau, where the lau-lau is the kau-kau at the big lu-'au. We

throw our nets out into – the sea, – and all the 'a-ma-'a-ma come

swimming to me, – Oh we're go – ing to a Hu-ki lau, a

Hu-ki hu-ki hu-ki hu-ki hukilau. What a wonderful day for

그대 없이는 못살아

K-Pop Hula

훌라를 통해 지역 사회 봉사 활동에
참여하게 되었습니다.
활동을 하며 마음이 힘드신 분들과
몸이 불편하신 분들에게 조금이나마
위로가 되어 드릴 수 있었습니다.
이 훌라로 인해 따뜻한 사랑의 마음과
위로가 전해지기를 바랍니다.

1. 전주

Kawelu R/L R/L
왼손은 가슴앞에 두고, 오른손은 앞에서 오른쪽 옆으로
옮긴다. (반대쪽도 같이 실시한다.)

2. 좋아해 좋아해

Kaholo R/L R/L   L/R L/R
오른손 입에서 45°옆으로 뺀다.
(왼손도 같이 실시한다.)

3. 당신을 좋아해

Kaholo R/L R/L L/R L/R
양손 가슴 앞에 X자 모은 후 모은두팔 옆으로 펼친다.

4. 저 하늘에 태양이 돌고있는 한

Lele R-turn R/L R/L
양손을 밑에서 위로 올리며 해 모양을 만든다.

5. 당신을 좋아해

Kaholo R/L R/L　L/R L/R
양손 가슴 앞에 X자 모은 후 모은 두팔 옆으로 펼친다.

6. 좋아해 좋아해

Kaholo R/L R/L　L/R L/R
오른손 입에서 45°옆으로 뺀다.
(왼손도 같이 실시한다.)

7. 당신을 좋아해

Kaholo R/L R/L　L/R L/R
양손 가슴 앞에 X자 모은 후 모은 두팔 옆으로 펼친다

8. 밤 하늘에 별들이 반짝이는 한 당신을 좋아해

Lele(kick)R-turn R/L/R/L
양손 주먹을 살짝 쥐었다가 밖으로 힘있게 펴준다. (반짝반
짝) (3.5.7과 같이 스텝, 손동작)

9. 그대 없이는 못살아

Kaholo R/L R/L L/R L/R
양손을 옆에서 X자(No모션)로 가슴앞에 끌어 들인 후
앞으로 밀어 옆으로 편다.

10. 나 혼자서는 못살아

Kaholo R/L R/L L/R L/R
왼손 가슴앞에 두고 오른손은 그위에 두고 오른손 검지로 Nono
모션 두 번 후 양손을 가슴앞에 X자 모아 옆으로 두팔 편다.

11. 헤어져서는 못살아

Kaholo R-turn R/L R/L
오른손 가슴 앞에 왼손은 옆에 둔 다음 가슴 앞에 모았
다가 두 팔 편다.

12. 떠나가면 못살아

Kaholo 45° L-side L/R L/R
Kaholo R-turn R/L R/L
왼손 가슴앞에 오른손 옆에 두었다가 정면으로 돌아와서 빠르
게 손을 바꾼다.

13. 사모해 사모해 당신을 사모해

Kawelu R—side L—side | Kaholo R/L R/L   L/R L/R
오른손 뻗어서 끌어 왼쪽 가슴에 왼손 뻗어서 오른쪽 가슴에 붙인 (Love모션)후 앞으로 빼서 옆에 편다.

14. 강물이 바다로 흘러가듯이 당신을 사모해

Kaholo R/L R/L   L/R L/R | Kaholo R/L R/L   L/R L/R
물장구 치는 손동작 후 양손 옆에서(Ocean모션)하고 앞에 (Love모션) 후 앞으로 빼서 양 옆으로 편다.

15. 사모해 사모해 당신을 사모해

Kawelu R—side L—side | Kaholo R/L R/L   L/R L/R
오른손 뻗어서 끌어 왼쪽 가슴에 왼손 뻗어서 오른쪽 가슴에 붙인 (Love모션)후 앞으로 빼서 옆에 편다.

16. 장미꽃이 비오기를 기다리듯이 당신을 사모해

Ka'o R/L R/L Hela R/L R/L | Kaholo R/L R/L   L/R L/R
왼손 꽃모양 만들고 오른손 위에서 꽃을 덮은 후 밖으로 돌려 꽃을 받쳐 가슴앞에 끌어오고 가슴앞에서 정면으로 편다.

17. 그대 없이는 못살아

Kaholo R/L R/L　L/R L/R
양손을 옆에서 X자(No모션)로 가슴앞에 끌어 들인 후
앞으로 밀어 옆으로 편다.

18. 나 혼자서는 못살아

Kaholo R/L R/L　L/R L/R
왼손 가슴앞에 두고 오른손은 그위에 두고 오른손 검지로 Nono
모션 두 번 후 양손을 가슴앞에 X자 모아 옆으로 두팔 편다.

19. 헤어져서는 못살아

Kaholo R-turn R/L R/L
오른손 가슴 앞에 왼손은 옆에 둔 다음 가슴 앞에 모았
다가 두 팔을 옆으로 편다.

20. 떠나가면 못살아

Kaholo 45˚ L-side L/R L/R ｜ Kaholo R-turn R/L R/L
왼손 가슴에 오른손 옆에 두었다가 정면으로 돌아와서
빠르게 손을 바꾼다.

21. 브릿지1

Kawelu R-side L-side | Ka'o R/L
왼손 가슴앞에 두고 오른손은 앞에서 오른쪽 옆으로 옮긴
다. 오른손 가슴 앞에 두고 왼손은 앞에서 옆으로 옮긴다.

22. 브릿지2

Lele R-turn R/L R/L Ka'o R/L
양손 Life모션 모으고 가슴 앞에 끌어와 왼쪽 가슴 앞에서
굴린다.(Love모션) 양손 밖에서 가슴앞에 X자 만들고 오른
손, 왼손 번갈아 가슴 앞에 두었다 내린다.

23. 사랑해 사랑해 당신을 사랑해

Kaholo R/L R/L   L/R L/R   R/L R/L
양손 입에서 앞으로 밀고 두 팔을 옆으로 편 다음 오른
팔은 귀 옆에 붙여 위로 뻗는다.
왼손은 오른쪽 옆에서 왼쪽 옆으로 편다.

24. 이마음 이생명을 다바치고 당신을 사랑해

Kaholo R-turn R/L R/L Kaholo L/R L/R
양손을 Life모션 둥글려 편다
Love모션하고 팔을 옆으로 편다.

25. 사랑해 사랑해 당신을 사랑해

Kaholo R/L R/L   L/R L/R   R/L R/L
양손 입에서 앞으로 밀고 두 팔을 옆으로 편 다음 오른
팔은 귀 옆에 붙여 위로 뻗는다.
왼손은 오른쪽 옆에서 왼쪽 옆으로 편다.

26. 영원히 영원히 변함이 없이 당신을 사랑해

Kawelu R-side L-side
Aloha모션하며 오른손을 펴고 왼손도 같은 방법으로 편다.
Love모션 후 두 팔을 옆으로 편다.

27. 그대없이는 못살아 나 혼자서는 못살아

(9),(10),(17),(18)과 같은 동작

28. 헤어져서는 못살아 떠나가면 못살아

(11),(12),(19),(20)과 같은동작

29. 그대없이는 못살아 나 혼자서는 못살아

(9),(10),(17),(18)과 같은 동작

30. 헤어져서는 못살아 떠나가면 못살아

(11),(12),(19),(20)과 같은동작

31. 나 혼자선 못살아

Kaholo R/L R/L L/R L/R
왼손은 오른쪽 가슴앞에 오른손은 그위에 두고 검지로
Nono모션 두 번한다.

32. 그대없인 못살아

Kaholo L-turn L/R L/R
양손 가슴앞에서(X자)로 모으고 펴면서 돌아 오른발 앞으
로 딛고, 양팔 위로 올렸다가 중간 정도로 내리며 허리도
중간정도로 내리며 Bow자세 인사한다.

그대 없이는 못살아

길 옥윤 (사/곡)
패티 김 / 김 희진 (노래)

좋아해 좋아해 당신을 좋아해

저 하늘의 태양이 돌고 있는 한 당신을 좋아해

좋아해 좋아해 당신을 좋아해

밤 하늘의 별들이 반짝이는 한 당신을 좋아해

그대 없이는 못살아 나 혼자서는 못살아

헤어져서는 못살아 떠나가면 못살아

사모해 사모해 당신을 사모해

강물이 바다로 흘러가듯이 당신을 사모해

사모해 사모해 당신을 사모해

장미꽃이 비 오기를 기다리듯이 당신을 사모해

그대 없이는 못살아 나혼자서는 못살아

헤어져서는 못살아 떠나가면 못살아

사랑해 사랑해 당신을 사랑해

이 생명 이 마음을 다 바쳐서 당신을 사랑해

사랑해 사랑해 당신을 사랑해

영원히 영원히 변함이 없이 당신을 사랑해

그대 없이는 못살아 나혼자서는 못살아

헤어져서는 못살아 떠나가면 못살아

*그대 없이는 못살아 나혼자서는 못살아

헤어져서는 못살아 떠나가면 못살아

나 혼자는 못살아 떠나가면 못살아

그대 없이는 못살아

Moderato

좋아 해　　좋아 해　　당 신을좋 아 　해
사모 해　　사모 해　　당 신을사 모 　해
사랑 해　　사랑 해　　당 신을사 랑 　해

저하늘의태 － 양이 돌고있는한　　당 신을 － 사랑 　해
강 물이바 － 다로 흘러가듯이　　당 신을 － 사랑 　해
이 　생명이마음을 다 － 바쳐서　　당 신을 － 사랑 　해

좋아 해　　좋아 해　　당 신을좋 아 　해
사모 해　　사모 해　　당 신을사 모 　해
사랑 해　　사랑 해　　당 신을사 랑 　해

밤하늘의별 － 들이 반짝이는한　　당 신을 － 좋아 　해
장미꽃이비오기를 기다리는듯　　당 신을 － 사모 　해
영 　원히영 － 원히 변함이없이　　당 신을 － 사랑 　해

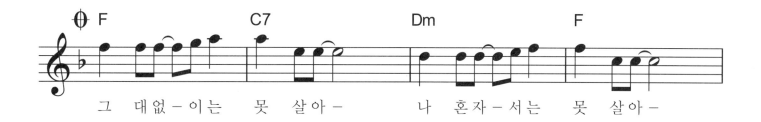

그 대없－이는 못 살아 － 나 혼자－서는 못 살아 －

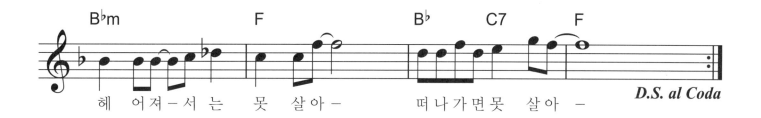

헤 어져－서 는 못 살아 － 떠나가면못 살아 －

D.S. al Coda

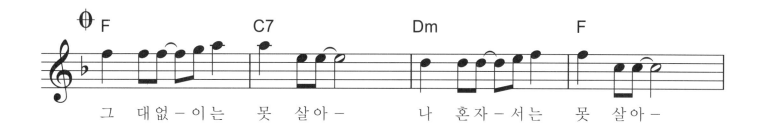

그 대없－이는 못 살아 － 나 혼자－서는 못 살아 －

헤 어져－서 는 못 살아 － 떠나가면못 살아 －

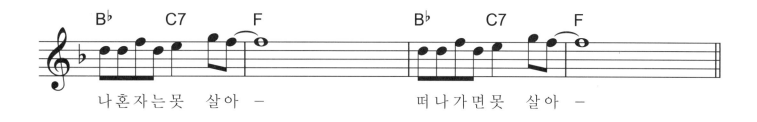

나혼자는못 살아 － 떠나가면못 살아 －

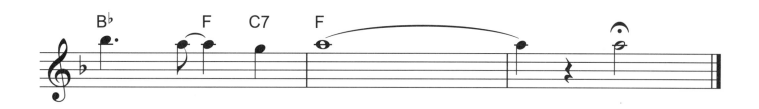

Aina	땅(land)
´Akau	오른쪽(right)
Akua	신(god)
Ali´i	족장(chief)
Aloha	인사,사랑,안녕(hello, love, goodbye)
´Ama´ Ama	숭어과의 바닷물고기(mullet)
Auana Hula	프리스타일 훌라(to dance freely)
´Awapuhi	생강꽃(ginger blossom)
Au	나(me)
Ha	숨, 입김(breath)
Ha´ina ´Ia Mai	후렴을 반복하다(reapeat the refrain)
Halau	학교(school)
Hapa-Hou	다시 시작(do it again)
Haumana	학생(student)
Hema	왼쪽(left)
Hoku	별(star)
Huki	당기다(to pull)
Hukilau	그물을 잡아 당기다(pull fish nets in)
Huli	돌다(turn)
I Lalo	아래쪽(downward direction)
I Luna	위쪽(upward direction)
I Mua	앞으로 이동(to move forward)
Kahea	호출하다(to call out)
Kahiko Hula	전통스타일의 훌라(ancient Hula)
Kai	바닷물(sea water)
Kau kau	음식에 대한 은어(slang word for food)
Kama´aina	원주민(native-born)
Kamehameha	왕을 알현하다(referring to the king)
Kane	남자(man)
Keiki	아이(child)
Kikala	엉덩이(hip)
Kou Lima Nani e	사랑스런 당신의 손(your lovely hands)
Kumu Hula	쿠무선생님(hula Teacher)
La	해(sun)

Lani	하늘(sky, heaven)
Lau lau	타로잎으로 싸서 티잎으로 매달은 음식
	(food erapped in taro lesves and tied in ti lesves)
Lei	화관(garland of flowers)
Lima	팔, 손(arm, hand)
Mahina	달(moon)
Maka	눈(eye)
Makana	선물(gift)
Makani	바람(wind)
Makaukau	준비(do it again)
Ma Hope	뒤쪽으로 이동(to move backward)
Malihini	신입자(newcomer)
Mauna	산(mountain)
Mele	노래(song)
Nani	아름다운(beautiful)
Nei	여기(here)
Mino'aka	웃음(smile)
Oe	너(you)
'Okolehao	맛있는 음료(delicious drink)
'Opu	배(belly)
Pali	절벽(cliff)
Pau	끝(finished)
Piko	배꼽(navel)
Poi	타로로 반죽하여 요리(pounded cooked taro)
Pua	꽃(flower)
Puana	이야기(story)
Pule	축복기도(blessing)
Ukana	짐(baggage)
Wa'a	카누(canoe)
'Uniki	댄서 수료 기념식(a dancer's graduation ceremony)
Wahine	여자(woman, girl)
Wawae	발(feet)
Wela Ka Hau	행복한 시간 되세요(have a good time)
Wikiwiki	빨리(fast, quickly)

제임스정의
Shall We Hula?

제임스정의 Shall We Hula? 연구위원

 제임스정

 최웅선

 이현정

 이민경

 김선아

 황민희

 서은혜

 심형란

 포토그래퍼 박석순

프로필

- 한양대 Concervatory 교수
- 국제신학대학원 겸임교수
- 서울교대 평생교육원 교수
- 한국훌라댄스협회[KHDA]회장
- (사)한국음악교육협회(KMEA) 이사장
- 한국우쿨렐레앙상블협회[KUEA]회장
- 한국하모니카앙상블협회[KHEA]회장
- 한국오카리나교육협회[KOEA]회장
- 한국타악기교육협회[KPEA]회장
- 한국팬플루트음악협회[KPMA]회장
- 코리아훌라걸스 단장
- 코리아우쿨렐레오케스트라 상임지휘자
- 코리아오카리나오케스트라 상임지휘자
- 코리아팬플루트오케스트라 상임지휘자
- 코리아하모니카필하모닉 상임지휘자
- Pops In Seoul Orchestra 상임지휘자
- Feel So Good Orchestra 상임지휘자
- 서울플루트오케스트라 상임지휘자
- 경기팝스오케스트라 상임지휘자
- 경기플루트오케스트라 상임지휘자
- 경기우쿨렐레오케스트라 상임지휘자
- 큐알34 Pica Pica 우쿨렐레오케스트라 음악감독
- Hawaii Merrie Monarch Hula Festival 참가
- 페루 Lima 세계카혼페스티벌 참가
- 41,43,45'th Hawaii 우쿨렐레페스티발 참가
- 이탈리아 Burio 오카리나페스티벌 참가
- 하와이 Kimo Hussey우쿨렐레 마스터클래스
- 이탈리아 GOB 오카리나 마스터클래스
- 스위스 Arosa 팬플루트페스티벌 참가
- 루마니아 Radu Nehifor 팬플루트 마스터클래스
- 한국교원대학교 대학원 석사(음악교육전공)
- 러시아 Gnesin음악원 대학원 석사(오케스트라지휘전공)
- 이탈리아 Gaspare Spontini 공립음악원 박사(오케스트라지휘전공)
- Festa Entertainment 대표이사

저서

- 제임스정의 Shall We Hula?(일신미디어)
- 제임스정의 하모니카야 놀자①②(일신미디어)
- 제임스정의 컵타야 놀자(일신미디어)
- 제임스정의 카혼아 놀자(일신미디어)
- 제임스정의 우쿨렐레야 놀자(음악세계)
- 제임스정의 아이러브우쿨렐레(아이러브뮤직)
- 제임스정의 아이러브오카리나(아이러브뮤직)
- 제임스정의 꼬꼬마오카리나(아이러브뮤직)
- 제임스정의 크리스천오카리나(아이러브뮤직)
- 제임스정의 아이러브팬플루트(디자인기타)
- DIATONIC HARMONICA(아이러브뮤직)
- UKULELE ENSEMBLE①②(아이러브뮤직)

제임스정의 Shall We Hula?

발행일	2018년 2월 20일
발행인	남 용
편저자	제임스정
발행처	일신서적출판사
주 소	서울시 마포구 독막로 31길 7
등 록	1969년 9월 12일(No. 10-70)
전 화	02)703-3001~5 (영업부)
	02)703-3006~8 (편집부)
F A X	02)703-3009

ISBN   978-89-366-2587-0   03680

정가 25,000원

한국훌라댄스협회 http://www.koreahula.kr